「ポツダム
宣言」
を読んだことが
ありますか？

はじめに

小学校や中学校の社会科の授業で、年度の後半になると駆け足で終わってしまった近代史、現代史。先の戦争がどうやって始まったのか、どうやって終わったのか、時間をかけてそれを学校で教わった記憶はあまりなく、自らを振り返ると、その後テレビや新聞、書物で断片的に知識を得ていったような気がします。

「ポツダム宣言」という言葉は知っているけれど、それがどんな内容で、どんな意味を持っていたか、ましてや宣言文そのものを読んだことのある人は、あまりいないのではないでしょうか。私たちスタッフの中でも、「ポツダム宣言」を見た（読んだ）ことのある人は一人もいませんでした。沖縄戦や広島と長崎への原爆投下が悲惨だったことは比較的知られていますが、そこに至るまでの状況や降伏の内容を知る人はあまりいません。

「ポツダム宣言」を受け入れることから始まった戦後日本。「戦後」という社会の始まりともいえる「ポツダム宣言」の文面そのものは、教科書に載っていてもよさそうですが、いまは「ポツダム宣言」という言葉も載っていない教科書もあるようです。

本書は、戦後70年をむかえるに当たり、思想や政治理念を越えて、大上段に構えず、70年間も戦争をしなかった戦後日本のその原点を、一度読んでみようと企画しました。

ポツダム宣言は英語で書かれています。外務省が翻訳したものが公式の訳文となっていますが、当時の公式文書は文語体で書かれているため、今の私たちに読みこなすのは難しい文章です。

本書では、公式訳の文語体を現代訳に翻訳したものと、英語から直接翻訳したものを掲載しました。文語体を訳すのも、英語を訳すのも、意訳が入らないよう、訳しすぎないようにしました。また、ポツダム宣言に関連する文書として、「カイロ宣言」と「降伏文書」も英語、文語体、英文和訳を掲載しました。巻末には、終戦の日に昭和天皇が読まれた玉音放送の内容や、外務省外交史料館に保存されている当時の電信内容を掲載しました。外務省の当時のやり取りが手に取るように分かります。

本書の翻訳、内容の確認は、共同通信外信部OB・山田侑平さんにお願いし、戦争を知らない私たちに多くのアドバイスを頂きました。

本書は一切の政治的、思想的解説はなく、原文を読むことを目的としています。読む方の考え方、目線で、それぞれ感じ、解釈していただきたいと思います。日本の戦後を考えるための基礎資料として使っていただければ幸いです。

共同通信社出版センター

「ポツダム宣言」を読んだことがありますか？

装丁◎原英子

POTSDAM PROCLAMATION
Potsdam, July 26, 1945

第一章

「ポツダム宣言」を知っていますか？

戦後日本のはじまり

1945年8月15日、日本はポツダム宣言を受諾して連合国に降伏しました。翌日から停戦に向けて具体的な処理が始まり、28日に占領軍の本土進駐が開始、30日にはマッカーサー元帥が連合国軍最高司令官として来日します。そして9月2日、東京湾に停泊中のアメリカ海軍の戦艦、ミズーリ号の上で降伏文書の調印が行われ、日本は連合国の管理下に置かれることになりました。

日本の戦後は、まさにポツダム宣言を受け入れることから始まりました。軍国主義の除去、民主主義の確立、平和産業の維持、戦争責任の追及、公正な賠償などがうたわれたポツダム宣言は、連合国が敗戦国の日本を管理するための指針となり、その後、連合国による対日管理機関である極東委員会によって採択された「降伏後の対日基本政策」（１９４７年６月19日）のベースになりました。

また、ポツダム宣言の線に沿って憲法改正も行われました。

１９４５年10月11日、当時の幣原《しではら》首相がマッカーサー元帥を訪問した際、ポツダム宣言にのっとって、人権確保のための五大改革を行うよう要求されます。五大改革とは、婦人の解放、労働組合の助長、学校教育の自由主義化、民衆生活を恐怖に陥れた制度の廃止、日本経済の民主主義化というものでした。

戦後70年経過し、いまやほとんどの人がそこに何が書かれていたのかを知りません。しかし、当時の新聞や書物には、ポツダム宣言の全文が掲載され、内容を解説する記事も多く掲載されていました。当時の日本にとって、ポツダム宣言受諾とその内容が、いかに重要なことだったかがあらわれています。

Q1

「ポツダム宣言」とは何ですか？

A

終戦２０日前の１９４５年７月２６日に、連合国のアメリカ、イギリス、中国（このときは今の中華人民共和国ではなく、中華民国）が日本に対して行った降伏勧告です。「米英華三国宣言（Proclamation of the Three Powers—the United States, Great Britain and China)」ともいいます。５月９日にドイツが降伏した後、７月１７日から８月１日にかけてドイツのポツダムにアメリカ、イギリス、ソ連の３国首脳が集まり「ポツダム会談」が開かれました。会談の主題はドイツの戦後処理についてでしたが、その会期中に「ポツダム宣言」は公表されました。

Q2

「ポツダム会談」はアメリカ、イギリス、ソ連の話し合いだったのに、「ポツダム宣言」はソ連ではなく、中国が入っているのはなぜですか？

A

「ポツダム会談」の主題は降伏したドイツの戦後処理でした。ですから、日本への降伏勧告である「ポツダム宣言」と、「ポツダム会談」は基本的には別物です。

「ポツダム会談」に参加していたソ連は、当時まだ日本と日ソ中立条約を結んでいました。約２週間後の８月８日にはそれを破棄して対日宣戦布告をすることになるのですが、このときは日本とは戦争をしていません。そのためソ連は「ポツダム宣言」が公表されたときには名を連ねていませんが、後日、宣戦布告後に参加することになります。

中国は、日本が第二次世界大戦に突入する前から、日中戦争で戦っていた相手で、戦争の相手国です。中国の代表はこのときポツダムにはいませんでしたが、「ポツダム宣言」に“領土に関する規定は「カイロ宣言」を履行するように”とあります。中国が主張したかったことは「カイロ宣言」に盛り込まれていたため、アメリカ大統領トルーマンからの電話連絡で文面を確認し、宣言に同意しました。

Q3

「カイロ宣言」とは何ですか？

A

「ポツダム宣言」の前身となった、連合国の３カ国による対日戦線についての宣言です。

１９４３年１１月２２日から２６日にかけて、エジプトのカイロで、アメリカ大統領ルーズベルト、イギリス首相チャーチル、中華民国総統・蒋介石が参加し、対日戦線について話し合う「カイロ会談」が行われました。そこで合意された内容が「カイロ宣言」として発表されました。

「カイロ宣言」は、日本の領土について連合国が初めて具体的な方針を示したもので、それが「ポツダム宣言」に引き継がれました。主な内容は、第一次世界大戦の開始以降、太平洋上に得た諸島を手放すこと、中国から得た満洲、台湾などの領土を返還すること、朝鮮を独立させることでした。

ちなみに、「カイロ会談」が終わった翌々日、場所をテヘランに移し、メンバーから蒋介石が外れてソ連首相スターリンが加わって、ヨーロッパ戦線についての話し合い（テヘラン会談）が１２月１日まで行われました。スターリンはこのときすでにドイツ降伏後の対日参戦を約束していたとされています。

Q4

「ポツダム宣言」にはどんなことが書いてありますか？

A

連合国が日本に対する最終攻撃の準備ができたことを宣言し、攻撃を実施する前に、日本に戦争を終わらせるチャンスを与える、と条件提示をしています。条件をのまない場合は壊滅的な打撃を与える、と書かれています。「日本は無条件降伏をした」とよくいわれていますが、「ポツダム宣言」には降伏のための「条件」が提示されています。

示された主な条件は、次のとおりでした。

- 日本軍隊の無条件降伏
- 武装解除と復員
- 領土の占領
- 領土の縮小
- 軍国主義の除去
- 民主主義の確立
- 平和産業の確保
- 戦争犯罪人の処罰

Q5

日本は「ポツダム宣言」を
すぐに受け入れたのですか？

A

すぐには受け入れませんでした。

日本政府は、実はかなり前から戦争終結の方法を模索していました。特に日ソ中立条約を結んでいたソ連の仲介に期待し、ソ連駐在の大使は、ポツダム宣言の前後に何度も戦争終結仲介依頼の返事を問い合わせていました。

１９４５年７月２６日に「ポツダム宣言」が発表されると、政府はすぐに対応を検討しますがコメントを出さず、宣言の内容のみを発表しました。戦争終結を模索していた政府は、連合国側から先に出されてしまった条件を検討し交渉する時間も手立てもなく、当面コメントを出さない方針としたのです。

ところが当時の鈴木首相が７月２８日午後４時から会見を行い、「政府としてはなんら重大な価値あるものとは思わない。ただ黙殺するのみである。われわれは断固戦争完遂に邁進するのみである」（１５７ページ参照）と発言しました。この「黙殺」という発言が、「ignore it entirely（完全に無視）」（同盟通信）、「reject（拒否）」（ＡＰ通信）と翻訳され、世界に報道されました。

Q6

連合国側はどういう反応をしましたか？

A

日本政府が正式な回答をせず留保している間に、「日本は拒否」という報道がなされたこともあり、ポツダム宣言での予告どおり、日本に対して甚大な攻撃が行われました。8月6日には広島に、続いて9日には長崎に原爆が投下されました。

長崎への原爆投下の直前の8日深夜（日本時間）、ソ連が日ソ中立条約を破棄し、日本に宣戦布告し、ポツダム宣言はソ連を入れた4カ国の対日共同宣言となりました。和平仲介を期待していたソ連の参戦で、政府の和平交渉の望みはほぼなくなりました。

Q7

日本はいつ「ポツダム宣言」を受け入れましたか？

A

ソ連の参戦、続く長崎への原爆投下により、政府の中では「ポツダム宣言」受諾のほか道がないとする意見が優勢となり、受諾の方針が決まりました。

東郷外務大臣は８月１０日午前、スイス、スウェーデン駐在の公使に緊急打電し、天皇の平和への願いにより即時戦争終結が決まった旨、そして「ポツダム宣言の中に、天皇の国家統治の大権を変更する要求を含有しない（国家統治権を天皇から変更するという項目が入っていない）ことを確認した上で宣言を受諾する」という内容を、スイス、スウェーデン両政府を通じて４カ国に伝達するよう要請しました。（１６６ページ参照）

１１日には連合国から回答があり、１４日に天皇がポツダム宣言の諸条項を受け入れるという詔書を発布し、受諾を連合国に通達しました。１１日の回答の中に書かれていた天皇に関する記述（天皇および日本国政府の国家統治の権限は…中略…連合国軍司令官に従属するものとする）は、ほぼそのまま、降伏文書に取り入れられました。

POTSDAM PROCLAMATION
Potsdam, July 26, 1945

第二章
「ポツダム宣言」を読んでみる

※原文は外務省外交史料館所蔵

ポツダム宣言（米、英、華三國宣言）

千九百四十五年七月二十六日「ポツダム」ニ於テ

ポツダム宣言（米、英、華三国宣言）

1945年7月26日　ポツダムにおいて

一　吾等《われら》合衆國大統領《がっしゅうこくだいとうりょう》、中華民國政府主席《ちゅうかみんこくせいふしゅせき》及《および》「グレート、ブリテン」國《こく》總理大臣《そうりだいじん》ハ吾等《われら》ノ數億《すうおく》ノ國民《こくみん》ヲ代表《だいひょう》シ協議《きょうぎ》ノ上《うえ》日本國《にほんこく》ニ對《たい》シ今次《こんじ》ノ戰爭《せんそう》ヲ終結《しゅうけつ》スルノ機會《きかい》ヲ與《あた》フルコトニ意見一致《いけんいっち》セリ

一　われわれ、米国大統領、中華民国政府主席、および英国総理大臣は、われわれの数億の国民を代表し協議の上、日本国に対し、今回の戦争を終結する機会を与えることで意見が一致した。

二　合衆國《がっしゅうこく》、英帝國《えいていこく》及《および》中華民國《ちゅうかみんこく》ノ巨大《きょだい》ナル陸《りく》、海《かい》、空軍《くうぐん》ハ西方《せいほう》ヨリ自國《じこく》ノ陸軍《りくぐん》及《および》空軍《くうぐん》ニ依《よ》ル數倍《すうばい》ノ增强《ぞうきょう》ヲ受《う》ケ日本國《にほんこく》ニ對《たい》シ最後的《さいごてき》打擊《だげき》ヲ加《くわ》フルノ態勢《たいせい》ヲ整《ととの》ヘタリ右軍事力《みぎぐんじりょく》ハ日本國《にほんこく》ガ抵抗《ていこう》ヲ終止《しゅうし》スルニ至《いた》ル迄《まで》同國《どうこく》ニ對《たい》シ戰爭《せんそう》ヲ遂行《すいこう》スルノ一切《いっさい》ノ聯合國《れんごうこく》ノ決意《けつい》ニ依《よ》リ支持《しじ》セラレ且鼓舞《かつこぶ》セラレ居《お》ルモノナリ

二　米国、英帝国、および中華民国の巨大な陸・海・空軍は、西方から自国の陸軍および空軍による数倍の増強を受け、日本国に対し最後的打撃を加える態勢を整えた。

この軍事力は、日本国が抵抗を止めるまで、同国に対し戦争を遂行するという一切の連合国の決意によって支持され、かつ鼓舞されている。

三　蹶起《けっき》セル世界《せかい》ノ自由《じゆう》ナル人民《じんみん》ノ力《ちから》ニ對《たい》スル「ドイツ」國《こく》ノ無益《むえき》且《かつ》無意義《むいぎ》ナル抵抗《ていこう》ノ結果《けっか》ハ日本國國民《にほんこくこくみん》ニ對《たい》スル先例《せんれい》ヲ極《きわ》メテ明白《めいはく》ニ示《しめ》スモノナリ現在日本國《げんざいにほんこく》ニ對《たい》シ集結《しゅうけつ》シツツアル力《ちから》ハ抵抗《ていこう》スル「ナチス」ニ對《たい》シ適用《てきよう》セラレタル場合《ばあい》ニ於《おい》テ全《ぜん》「ドイツ」國人民《こくじんみん》ノ土地《とち》、産業《さんぎょう》及《および》生活様式《せいかつようしき》ヲ必然的《ひつぜんてき》ニ荒廢《こうはい》ニ歸《き》セシメタル力《ちから》ニ比《ひ》シ測《はか》リ知《しら》レザル程更《ほどさら》ニ强大《きょうだい》ナルモノナリ吾等《われら》ノ決意《けつい》ニ支持《しじ》セラルル吾等《われら》ノ軍事力《ぐんじりょく》ノ最高度《さいこうど》ノ使用《しよう》ハ日本國軍隊《にほんこくぐんたい》ノ不可避且完全《ふかひかつかんぜん》ナル壊滅《かいめつ》ヲ意味《いみ》スベク又同様必然的《またどうようひつぜんてき》ニ日本國本土《にほんこくほんど》ノ完全《かんぜん》ナル破壊《はかい》ヲ意味《いみ》スベシ

三　決起した世界の自由な人民の力に対するドイツ国の無益、かつ無意味な抵抗の結果は、日本国国民に対する先例を極めて明白に示すものである。

現在日本国に対して集結しつつある力は、抵抗する「ナチス」に対して適用された場合に全ドイツ国人民の土地、産業、および生活を、必然的に荒廃に帰させた力に比べ、計り知れないほどさらに強大なものである。

われわれの決意に支持されるわれわれの軍事力の最高度の使用は、日本国軍隊の不可避、かつ、完全な壊滅を意味し、また同じく必然的に日本国本土の完全な破壊を意味するであろう。

四　無分別《むふんべつ》ナル打算《ださん》ニ依《よ》リ日本帝國《にほんていこく》ヲ滅亡《めつぼう》の淵《ふち》ニ陥《おとしい》レタル我儘《わがまま》ナル軍國主《ぐんこくしゅ》義的助言者《ぎてきじょげんしゃ》ニ依《よ》リ日本國《にほんこく》ガ引續《ひきつづ》キ統御《とうぎょ》セラルベキカ又《また》ハ理性《りせい》ノ經路《けいろ》ヲ日《に》本國《ほんこく》ガ履《ふ》ムベキカヲ日本國《にほんこく》ガ決定《けってい》スベキ時期《じき》ハ到來《とうらい》セリ

四　無分別な打算により、日本国を滅亡の淵に陥れたわがままな軍国主義的助言者によって、日本国が引き続き統御されるべきか、または、理性の道を歩むべきかを日本国が決定しなければならない時期は到来した。

五　吾等《われら》ノ條件《じょうけん》ハ左《ひだり》ノ如《ごと》シ

吾等《われら》ハ右《みぎ》條件《じょうけん》ヨリ離脱《りだつ》スルコトナカルベシ右《みぎ》ニ代《かわ》ル條件《じょうけん》存在《そんざい》セズ吾等《われら》ハ遅延《ちえん》ヲ認《みと》ムルヲ得《え》ズ

五　われわれの条件は次のとおりである。
われわれはこの条件から逸脱することはない。
これに代わる条件はなく、　われわれは遅延を認めることができない。

六　吾等《われら》ハ無責任《むせきにん》ナル軍國主義《ぐんこくしゅぎ》ガ世界《せかい》ヨリ驅逐《くちく》セラルルニ至《いた》ル迄《まで》ハ平和《へいわ》、安全《あんぜん》及《および》正義《せいぎ》ノ新秩序《しんちつじょ》ガ生《しょう》ジ得《え》ザルコトヲ主張《しゅちょう》スルモノナルヲ以《もっ》テ日本《にほん》國國民《こくこくみん》ヲ欺瞞《ぎまん》シ之《これ》ヲシテ世界征服《せかいせいふく》ノ擧《きょ》ニ出《い》ヅルノ過誤《かご》ヲ犯《おか》サシメタル者《もの》ノ権力《けんりょく》及《および》勢力《せいりょく》ハ永久《えいきゅう》ニ除去《じょきょ》セラレザルベカラズ

六　われわれは、無責任な軍国主義が世界から駆逐されるまでは、平和、安全、および正義という新秩序が生じえないことを主張し、この理由で、日本国民を欺き、世界征服の挙に出るような過ちを犯させた者の権力および勢力は、永久に除かれなければならない

七　右《みぎ》ノ如《ごと》キ新秩序《しんちつじょ》ガ建設《けんせつ》セラレ且日本國《かつにほんこく》ノ戰爭遂行能力《せんそうすいこうのうりょく》ガ破碎《はさい》セラレタルコトノ確證《かくしょう》アルニ至《いた》ル迄《まで》ハ聯合國《れんごうこく》ノ指定《してい》スベキ日本國領域内《にほんこくりょういきない》ノ諸地點《しょちてん》ハ吾等《われら》ノ茲《ここ》ニ指示《しじ》スル基本的目的《きほんてきもくてき》ノ達成《たっせい》ヲ確保《かくほ》スル爲占領《ためせんりょう》セラルベシ

ポツダム宣言　現代語訳
ポツダム宣言　原文（英語）
降伏文書　原文（英語）
カイロ宣言　原文（英語）

七　右のような新秩序が建設され、かつ、日本国の戦争遂行能力が粉砕されたことの確証があるまでは、連合国の指定する日本国領域内の諸地点は、われわれのここに指示する基本目的の達成を確保するために占領される。

八　「カイロ」宣言《せんげん》ノ條項《じょうこう》ハ履行《りこう》セラルベク又《また》日本國《にほんこく》ノ主權《しゅけん》ハ本州《ほんしゅう》、北海《ほっかい》道《どう》、九州《きゅうしゅう》及《および》四國《しこく》竝《ならび》ニ吾等《われら》ノ決定《けってい》スル諸小島《しょしょうとう》ニ局限《きょくげん》セラルベシ

八　カイロ宣言の条項は履行され、また、日本国の主権は本州、北海道、九州および四国、ならびにわれわれの決定する諸小島に局限される。

九　日本國軍隊《にほんこくぐんたい》ハ完全《かんぜん》ニ武装《ぶそう》ヲ解除《かいじょ》セラレタル後《のち》各自《かくじ》ノ家庭《かてい》ニ復歸《ふっき》シ平和《へいわ》的《てき》且《かつ》生産的《せいさんてき》ノ生活《せいかつ》ヲ營《いとな》ムノ機會《きかい》ヲ得《え》シメラルベシ

九　日本国の軍隊は、完全に武装解除されたのち、各自の家庭に復帰し、平和的で生産的な生活を営む機会を与えられる。

十　吾等《われら》ハ日本人《にほんじん》ヲ民族《みんぞく》トシテ奴隷化《どれいか》セントシ又《また》ハ國民《こくみん》トシテ滅亡《めつぼう》セシメントスルノ意圖《いと》ヲ有《ゆう》スルモノニ非《あら》ザルモ吾等《われら》ノ俘虜《ふりょ》ヲ虐待《ぎゃくたい》セル者《もの》ヲ含《ふく》ム一切《いっさい》ノ戰争犯罪人《せんそうはんざいにん》ニ對《たい》シテハ嚴重《げんじゅう》ナル處罰加《しょばつくわ》ヘラルベシ日本國政府《にほんこくせいふ》ハ日本國國民《にほんこくこくみん》ノ間《あいだ》ニ於《お》ケル民主主義的傾向《みんしゅしゅぎてきけいこう》ノ復活強化《ふっかつきょうか》ニ對《たい》スル一切《いっさい》ノ障礙《しょうがい》ヲ除去《じょきょ》スベシ言論《げんろん》、宗教及思想《しゅうきょうおよびしそう》ノ自由竝《じゆうならび》ニ基本的人權《きほんてきじんけん》ノ尊重《そんちょう》ハ確立《かくりつ》セラルベシ

十　われわれは、日本人を民族として奴隷化しようとし、または、国民として滅亡させようとする意図をもつものではないが、われわれの捕虜を虐待した者を含む一切の戦争犯罪人に対しては、厳重な処罰が加えられるべきである。日本国政府は、日本国国民の間における民主主義的傾向の復活強化に対する一切の障害を除去しなければならない。言論、宗教および思想の自由、ならびに基本的人権の尊重は、確立されなければならない。

十一　日本國《にほんこく》ハ其《そ》ノ經済《けいざい》ヲ支持《しじ》シ且公正《かつこうせい》ナル實物賠償《じつぶつばいしょう》ノ取立《とりたて》ヲ可能《かのう》ナラシムルガ如《ごと》キ産業《さんぎょう》ヲ維持《いじ》スルコトヲ許《ゆる》サルベシ但《ただ》シ日本國《にほんこく》ヲシテ戰争《せんそう》ノ爲《ため》再軍備《さいぐんび》を爲《な》スコトヲ得《え》シムルガ如《ごと》キ産業《さんぎょう》ハ此《こ》ノ限《かぎり》ニ在《あ》ラズ右目的《みぎもくてき》ノ爲原《ためげん》料《りょう》ノ入手《にゅうしゅ》（其《そ》ノ支配《しはい》トハ之《これ》ヲ區別《くべつ》ス）ヲ許《ゆる》サルベシ日本國《にほんこく》ハ將來世界貿《しょうらいせかいぼう》易關係《えきかんけい》ヘノ參加《さんか》ヲ許《ゆる》サルベシ

十一　日本国は、その経済を支持し、かつ公正な実物賠償の取り立てを可能にするような産業を維持することを許される。

ただし、日本国が戦争のために再軍備することを可能にするような産業は、この限りではない。

右の目的のため、原料の入手（その支配とは区別する）は許される。日本国は将来、世界貿易関係への参加を許される。

十二　前記諸目的《ぜんきしょもくてき》ガ達成《たっせい》セラレ且《かつ》日本國國民《にほんこくこくみん》ノ自由《じゆう》ニ表明《ひょうめい》セル意思《いし》ニ従《した》ヒ平和的傾向《へいわてきけいこう》ヲ有《ゆう》シ且責任《かつせきにん》アル政府《せいふ》ガ樹立《じゅりつ》セラルルニ於《おい》テハ聯合國《れんごうこく》ノ占領《せんりょう》軍《ぐん》ハ直《ただち》ニ日本國《にほんこく》ヨリ撤收《てっしゅう》セラルベシ

十二　前記の諸目的が達成され、かつ、日本国国民が自由に表明する意思に従い、平和的傾向を持ち、かつ責任ある政府が樹立されたときには、連合国の占領軍は、直ちに日本から撤収することができる。

十三　吾等《われら》ハ日本國政府《にほんこくせいふ》ガ直《ただち》ニ全日本國軍隊《ぜんにほんこくぐんたい》ノ無條件降伏《むじょうけんこうふく》ヲ宣言《せんげん》シ且《かつ》右行《みぎこう》動《どう》ニ於《お》ケル同政府《どうせいふ》ノ誠意《せいい》ニ付《つき》適當《てきとう》且《かつ》充分《じゅうぶん》ナル保障《ほしょう》ヲ提供《ていきょう》センコトヲ同政《どうせい》府《ふ》ニ對《たい》シ要求《ようきゅう》ス右以外《みぎいがい》ノ日本國《にほんこく》ノ選擇《せんたく》ハ迅速《じんそく》且《かつ》完全《かんぜん》ナル壊滅《かいめつ》アルノミトス

十三　われわれは、日本国政府が直ちに全ての日本国軍隊の無条件降伏を宣言し、かつ、右の行動における同政府の誠意につき、適当かつ十分な保障を提供することを同政府に要求する。

右の方法を取らない場合には、日本国は速やかに、かつ完全に壊滅するのみである。

POTSDAM PROCLAMATION
Potsdam, July 26, 1945

第三章
英語で読む「ポツダム宣言」

※原文は外務省外交史料館所蔵

ポツダム宣言

（３国宣言――合衆国、英国および中国）

１９４５年７月２６日ポツダムにおいて

POTSDAM PROCLAMATION

(Proclamation of the Three Powers
—the United States,
Great Britain and China)

Potsdam, July 26, 1945

proclamation：宣言、公布、声明

1. われわれ――合衆国大統領、中華民国国民政府総統、および英国総理大臣――は、何億人もの同胞を代表して、協議した上で日本にこの戦争を終わらせる機会を与えることで合意した。

1. We——the President of the United States, the President of the National Government of the Republic of China, and the Prime Minister of Great Britain, representing the hundreds of millions of our countrymen, have conferred and agreed that Japan shall be given an opportunity to end this war.

the Republic of China：
この時代の中国は、現在の中華人民共和国ではなく、中華民国
represent：～を代表する　**confer**：話し合う

2．　合衆国、英帝国および中国の巨大な陸、海および空の兵力は、自国の陸軍および空軍によって西から何回となく増強され、日本に最後の打撃を加えるべく態勢を整えている。

2. The prodigious land, sea and air forces of the United States, the British Empire and of China, ★many times reinforced by their armies and air fleets from the west, are poised to strike the final blows upon Japan.

prodigious：ばく大な、巨大な
reinforce：補強する、強化する　**fleet**：船団、隊
be poised to：～の用意をする　**blow**：一撃

★**the British Empire**：英帝国。前項の Great Britain は本国のみを指している

３．　目覚めた世界の自由な諸国民の力に対する無駄で無分別なドイツの抵抗の結果は、日本国民への見せしめとして非常にはっきりと突出している。

いま日本に向かって結集している力は、抵抗するナチスに加えられたときにドイツ国民全体の土地、産業および生活様式を必然的に荒廃させたものより、測り知れないほど強大である。

3. The result of the futile and senseless German resistance to the might of the aroused free peoples of the world stands forth in awful clarity as an example to the people of Japan.

> **result**：結果　**futile**：無駄、効果のない　**senseless**：無分別な、無意味な、愚かな　**resistance**：抵抗
> **might**：力　**arouse**：眠りを覚ます
> **stand forth**：目立つ　**awful**：恐ろしい、すさまじい
> **clarity**：明瞭、明快　**example**：例、見せしめ

The might that now converges on Japan is immeasurably greater than that which, when applied to the resisting Nazis, necessarily laid waste to the lands, the industry and the method of life of the whole German people.

> **converge on**：集中する、結集する
> **immeasurably**：測りきれない　**apply to**：〜に注ぐ、適用する
> **necessarily**：やむを得ず、必然的に
> **lay waste**：荒廃させる　**method**：方法

われわれの決意に支えられた軍事力を全面的に加えることは、日本の軍隊の必然的かつ完全な壊滅、そしてまた同じく必然的に日本本土の徹底的破壊を意味するだろう。

The full application of our military power, backed by our resolve, will mean the inevitable and complete destruction of the Japanese armed forces and just as inevitably the utter devastation of the Japanese homeland.

application：適用　**back**：支持する　**resolve**：決意
inevitable：避けられない、必然的な
destruction：破壊　**utter**：徹底的な、完全な
devastation：荒廃、廃墟

4．いまや日本は、愚かな打算によって日本帝国を滅亡の瀬戸際に立たせるに至った身勝手な軍国主義的助言者たちに支配され続けるかどうか、あるいは理性の道を歩むかどうかを決断すべき時機にきている。

4. The time has come for Japan to decide whether she will continue to be controlled by those self-willed militaristic advisers whose unintelligent calculations have brought the Empire of Japan to the threshold of annihilation, or whether she will follow the path of reason.

control：支配する　**self-willed**：身勝手な、頑固な
militaristic：軍国主義的な　**adviser**：助言者、顧問
unintelligent：愚かな、知性のない
calculation：計算、打算　**threshold**：入口、敷居
annihilation：滅亡、消滅、全滅
follow：(道を)たどる、ついていく　**path**：道、通路
reason：理性、常識、分別

５． 以下がわれわれの条件である。
われわれがこれから逸脱することはない。
これに代わるべきものもない。
われわれは遅延を許さない。

5. The following are our terms:
We will not deviate from them.
There are no alternatives.
We shall brook no delay.

terms：条件　**deviate**：逸脱する、離れる
alternative：代案、選択肢　**brook**：我慢する、許す
delay：遅延

6．日本国民を欺きだまして世界征服に乗り出させた者たちの権限と影響力は、永久に排除されなければならない。というのも、無責任な軍国主義が世界から追放されるまで、平和、安全保障および正義の新秩序は不可能だと、われわれは主張するからである。

6. There must be eliminated for all time the authority and influence of those who have deceived and misled the people of Japan into embarking on world conquest, for we insist that a new order of peace, security and justice will be impossible until irresponsible militarism is driven from the world.

eliminate：排除する　for all time：永遠に
authority：権力、権限　influence：影響力
deceive：だます　mislead：欺く、誤った方向に導く
embark on：乗り出す　conquest：征服
insist：主張する　order：秩序　justice：正義
irresponsible：無責任な　drive：追い払う

7．そのような新秩序が確立されるまで、そして日本の戦争遂行能力が破壊されたという納得できる証拠があるまで、連合国の指定する日本領土内の諸地点は、われわれがここに示す基本的目的の達成を確保するために占領される。

7. Until such a new order is established and until there is convincing proof that Japan's war-making power is destroyed, points in Japanese territory to be designated by the Allies shall be occupied to secure the achievement of the basic objectives we are here setting forth.

establish：確立する　**convincing**：説得力のある
proof：証拠　**destroy**：破壊する
designate：指定する
the Allies：連合国（= the Allied Nations）
occupy：占拠する、占領する　**secure**：手に入れる
achievement：達成　**objective**：目的

8．「カイロ宣言」の条項は履行され、日本の主権は本州、北海道、九州、四国ならびにわれわれの決定する諸小島に制限されるべきである。

8. The terms of the Cairo Declaration shall be carried out and Japanese sovereignty shall be limited to the islands of Honshu, Hokkaido, Kyushu, Shikoku and such minor islands as we determine.

carry out：実行する　sovereignty：主権、統治権
limit to：〜に制限する　minor：小さい
determine：決定する

9.　日本の軍隊は、完全に武装解除された後、平和的かつ生産的生活を営む機会を得て家庭へ戻ることを許されるべきである。

9. The Japanese military forces, after being completely disarmed, shall be permitted to return to their homes with the opportunity to lead peaceful and productive lives.

disarm：武装解除する　**permit**：許す
lead a ～ life：～な生活を営む
productive：生産的な

１０．　われわれに日本人を人種として奴隷化し、あるいは国民として滅亡させる意図はないが、われわれの捕虜を虐待したものを含むすべての戦争犯罪人に対して、厳しい裁きが与えられなければならない。

日本政府は、日本国民の間の民主主義的傾向の復活と強化に対するすべての障害を取り除かなければならない。

言論、宗教および思想の自由、ならびに基本的人権の尊重は確立されなければならない。

10. We do not intend that the Japanese shall be enslaved as a race or destroyed as a nation, but stern justice shall be meted out to all war criminals, including those who have visited cruelties upon our prisoners.

intend：〜するつもり、意図する　enslave：奴隷にする
race：人種　destroy：滅ぼす　stern：厳しい
justice：裁き　mete：配分する　criminal：罪人
visit：(罰などを) 加える　cruelty：残酷さ (cruelties 残酷な行為)　prisoner：捕虜、囚人

The Japanese Government shall remove all obstacles to the revival and strengthening of democratic tendencies among the Japanese people.

remove：取り除く　obstacle：障害　revival：復活
strengthening：強化　tendency：傾向

Freedom of speech, of religion, and of thought, as well as respect for the fundamental human rights, shall be established.

speech：言論　religion：宗教　thought：思想
respect：尊重　fundamental：基本の、根本的な
rights：権利

１１．日本は、その経済を支え、公正な実物賠償の取り立てを可能にするような産業を維持することを許されるべきである。ただし、日本に戦争のための再軍備を可能にさせるようなものは、この限りではない。

実物賠償：賠償金という現金ではなく、実物（船舶・飛行機・工場などの物や、役務）で賠償すること。（実際はアメリカ以下、主要連合国は賠償請求権を放棄した）

この目的のために、原材料の入手（その支配とは区別しなければならない）は許されるべきである。
世界貿易関係への日本の将来的な参加は許されるべきである。

その支配：経済復興のための原材料入手は許されるが、原材料を支配（鉱山を支配下に置く、などのように）は、再軍備につながる可能性があるので許されないということ。

11. Japan shall be permitted to maintain such industries as will sustain her economy and permit the exaction of just reparations in kind, but not those which would enable her to re-arm for war.

maintain：維持する　industry：産業
sustain：支える　permit：可能にする
exaction：取り立て、強要　just：公正な
reparation：補償、賠償　in kind：現物で、品物で
re-arm：再軍備する

To this end, access to, as distinguished from control of, raw materials shall be permitted. Eventual Japanese participation in world trade relations shall be permitted.

end：目的　access：入手
distinguish from：〜と区別する
raw materials：原料　eventual：将来的な
participation：参加

１２．これらの目的が達成され、日本国民の自由に表明された意志に従って、平和的志向で責任のある政府が確立されれば、連合国の占領軍は直ちに日本から引き揚げるものとする。

12. The occupying forces of the Allies shall be withdrawn from Japan as soon as these objectives have been accomplished and there has been established in accordance with the freely expressed will of the Japanese people a peacefully inclined and responsible government.

occupying forces：占領軍　**withdraw**：引き揚げる、撤退する　**accomplish**：(目的を) 達成する
in accordance with：〜に従って、のとおりに
express：表現する、(自分の考えを) 述べる　**will**：意思
inclined：傾向のある
responsible：責任能力のある、信頼できる

１３．　われわれは日本政府に対し、すべての日本国軍隊の無条件降伏をいま宣言し、そして、そのような行動における適切かつ十分な誠意ある保証を提示することを要求する。

日本にとってそれに代わる選択は、迅速かつ完全な壊滅しかない。

13. We call upon the government of Japan to proclaim now the unconditional surrender of all Japanese armed forces, and to provide proper and adequate assurances of their good faith in★ such action.

call upon：要求する、求める　proclaim：宣言する
unconditional：無条件の　surrender：降伏
armed forces：軍隊　proper：適切な、ふさわしい
adequate：十分な、満たす　assurance：保証
faith：誠意

★in such action：ここでは、宣言すること (to proclaim …) を指している。(宣言した暁には、その宣言が誠意のあるものだという保証をするよう要求する、といった意味)

The alternative for Japan is prompt and utter destruction.

prompt：迅速な

POTSDAM PROCLAMATION
Potsdam, July 26, 1945

第四章
写真で見る「ポツダム宣言」

※参考：『ザ・クロニクル 戦後日本の70年 - 第1巻』(共同通信社発行／幻冬舎発売)

1945 03 10

東京大空襲――戦局の悪化

昭和20年3月10日

1944年末から米軍による本土空襲が本格化、翌年3月10日未明、B29が東京上空に現れ、爆弾を無差別投下し約10万人が死亡した（東京大空襲）。これ以降、戦争が終わるまで無差別爆撃は全国で行われた。写真は焼け野原となった東京・深川の富岡八幡宮付近を視察する昭和天皇。1945年3月18日撮影。

©KyodoNews

1945年4月1日、米軍は沖縄本島に向けて沖合の戦艦と航空機から一斉砲撃を行い、上陸作戦を開始（沖縄戦）。約3カ月にわたる激烈な地上戦により、軍民合わせて20万人超が犠牲となった。

1945 07 17

米英ソ、ポツダム会談

昭和20年7月17日

ポツダム会談（7月17日～8月2日）での3国首脳。（左から）チャーチル英首相、トルーマン米大統領、スターリン・ソ連共産党書記長。会談の主題はドイツ降伏後のヨーロッパの戦後処理。「ポツダム宣言」は会期中の26日に米英中で調印された。

上は、1943年11月22日から26日まで行われたカイロ会談での米英中首脳。（左から）蔣介石中華民国総統、ルーズベルト米大統領、チャーチル英首相。連合国の対日方針を話し合い、12月1日に「カイロ宣言」が発表された。「ポツダム宣言」は日本の領土について、「カイロ宣言」の条項履行を求めている。（UPI＝共同）

1945 07 26

米英重慶、日本降伏の
最後條件を聲明
三國共同の謀略放送

政府は默殺

多分に宣傳と對日威嚇

米英中、ポツダム宣言を発表

昭和20年7月26日

発表２日後の 28 日、鈴木貫太郎（すずき・かんたろう）首相は会見を開き、ポツダム宣言に対し「カイロ会談の焼き直し。黙殺するのみ」と発言（157 ページ参照）、マスコミも賛同した。

（1945 年7月 28 日付朝日新聞）

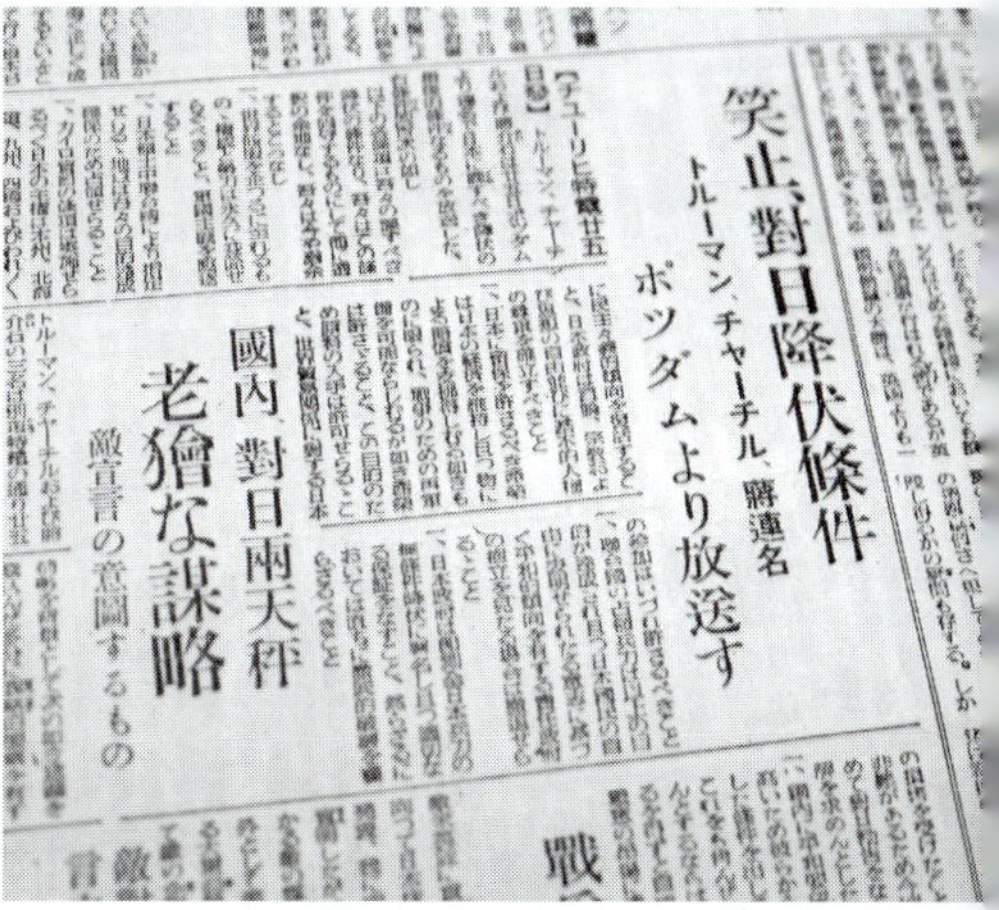

笑止、對日降伏條件

トルーマン、チャーチル、蔣連名

ポツダムより放送す

國內、對日兩天秤

老獪な謀略

敵宣言の意圖するもの

鈴木首相の談話を受け、マスコミも「厭戦気分の高まっている米国民への内向きアピール」「対日威嚇」といった戦争完遂の論調が主流だった。

（1945年7月28日付讀賣報知）

THE TIMES SATURDAY JULY 28 1945

MR. ATTLEE'S RISE TO POWER

FROM SOLDIER TO POLITICIAN

A VARIED CAREER

From Our Parliamentary Correspondent

Mr. Clement Richard Attlee has suc-eded Mr. Churchill as Prime Minister the age of 62, and his accession to this gh office crowns a long and varied career voted to political and social work. He as born in 1883 at Putney, the son of a licitor, who once held office as president the Incorporated Law Society, and he as educated at Haileybury and Univer-y College, Oxford. He was called to e Bar in 1909 and practised for three ars.

In early sketches of his career he is scribed as having been "an Imperialist d tariff reformer" in his youth, but ex-rience of social work in London and association with the Webbs in Poor aw reform drew him towards Socialism. e joined the Fabian Society in 1907 and e I.L.P. a year later. He later attached mself to Toynbee Hall, of which he came secretary, and this experience of e in the East End of London had a rmative influence on his political career. r. Attlee later became a lecturer at uskin College, and when the war of

RETURN TO POTSDAM

PRIME MINISTER TO LEAVE SOON

DECISIVE PHASE OF TALKS

From Our Diplomatic Correspondent

Mr. Attlee hopes to leave for Potsdam during the week-end. The three-Power conference will then be resumed after an interruption which has already lasted longer than expected, when Mr. Churchill, Mr. Attlee, and Mr. Eden left on Wednes-day.

The Prime Minister is taking over the leadership of the British delegation just when the conference is entering its decisive phase. From the time-tables of previous conferences, and also from the lack of an interim report on the work so far done at Potsdam, it may be assumed that the three delegations have been only examin-ing and discussing many of the European problems until now, preparing the way for decisions which have to be taken next week. Some agreements appear to have been made on Germany and on improving the Allied Control Commission. But nothing has come to suggest that decisions have been reached on the allied reparations policy or on the wider regulation of Europe.

POLAND'S HOPES

The Polish Government, for example, is

U.S. ON BRITISH CHOICE

PERPLEXITY OVER MR. CHURCHILL

THE TEST FOR LABOUR

From Our Own Correspondent

WASHINGTON, July 27

Any attempt to analyse America opinion of the results of the British elec-tion becomes perforce a study of mixe emotions, though there is agreement upo certain things. It is conceded that a stale mate, leading perhaps to a less than willin renewal of the coalition, would have bee unhappy and, possibly, disastrous, bu since this obviously was not on the card the sheer decisiveness of Labour's victor is accepted as cause for thankfulness.

The Americans see that something had bee too long bottled up and needed release, thoug just what that something was is still a matte of debate. Here and there articles are appea-ing which profess to explain what the electio "means," but they are vague and wishful o virtually every point but one, which is, a the *New York Herald Tribune* says, that "a era of reconstruction, with all its problem has been opened," and that "there is n reason to face them with anything save co fidence." To this, however, may be adde a passage from the *Chicago Tribune* suggestin that even the capable and experienced leade of the Labour Party may be unequal to the tasks because of "inherent contradiction between the party programme and the circum-

TOKYO TO IGNORE ALLIED TERMS

DETERMINATION TO FIGHT ON

From Our Own Correspondent

NEW YORK, July 27

The Japanese agency Domei reported "authoritatively" to-day that the Govern-ment would ignore the ultimatum to Japan by America, Britain, and China to sur-render or be destroyed.

Domei told the Japanese public about the ultimatum in a single sentence, adding: "Stalin's name was conspicuous by its absence from the proclamation."

Later, a commentator on Tokyo radio again denied that any peace offers had been made to the allies, and, without mentioning the Pots-dam proclamation, discussed unconditional surrender. He said that Germany was on her knees and the outcome of the war in Europe was obvious when the United States had de-manded her unconditional surrender, but that in east Asia the situation was different. "Not an enemy soldier stands on the Japanese main-land, nor are any likely to without paying a terrible, I can almost say a prohibitive, price," he declared. "The bitter lessons learned on all of Japan's tiny invaded islands should have impressed the American mind that Japan is firmly and doggedly determined to resist and battle tooth and nail for every inch of sacred soil."

In Manila, however, Ken Murayama, an American-born Japanese, who was a war corre-spondent for Domei and chief of its English section in Manila, said he expected Japan to capitulate within a few weeks. He said that Admiral Keisuke Okada, who narrowly escaped assassination when Prime Minister in 1936, is now the strong man behind the

ポツダム宣言に対する日本の反応を伝える英紙タイムズ。鈴木首相の「黙殺」という言葉は「ignore（無視）」「reject（拒否）」と翻訳された。（1945年7月28日付『The Times』／国立国会図書館所蔵）

1945 08 06

米軍、広島へ原爆投下

昭和20年8月6日

午前8時15分、米軍爆撃機が広島に原子爆弾を投下、人類史上初めて核兵器が実戦に使われた（右写真）。広島市中心部を襲った爆発の熱線と放射線、爆風により、年末までに約14万人が死亡したとされる。その3日後の9日午前11時2分、今度は長崎に原子爆弾が投下され（下写真／同年11月撮影）、年末までに約7万人が死亡した。

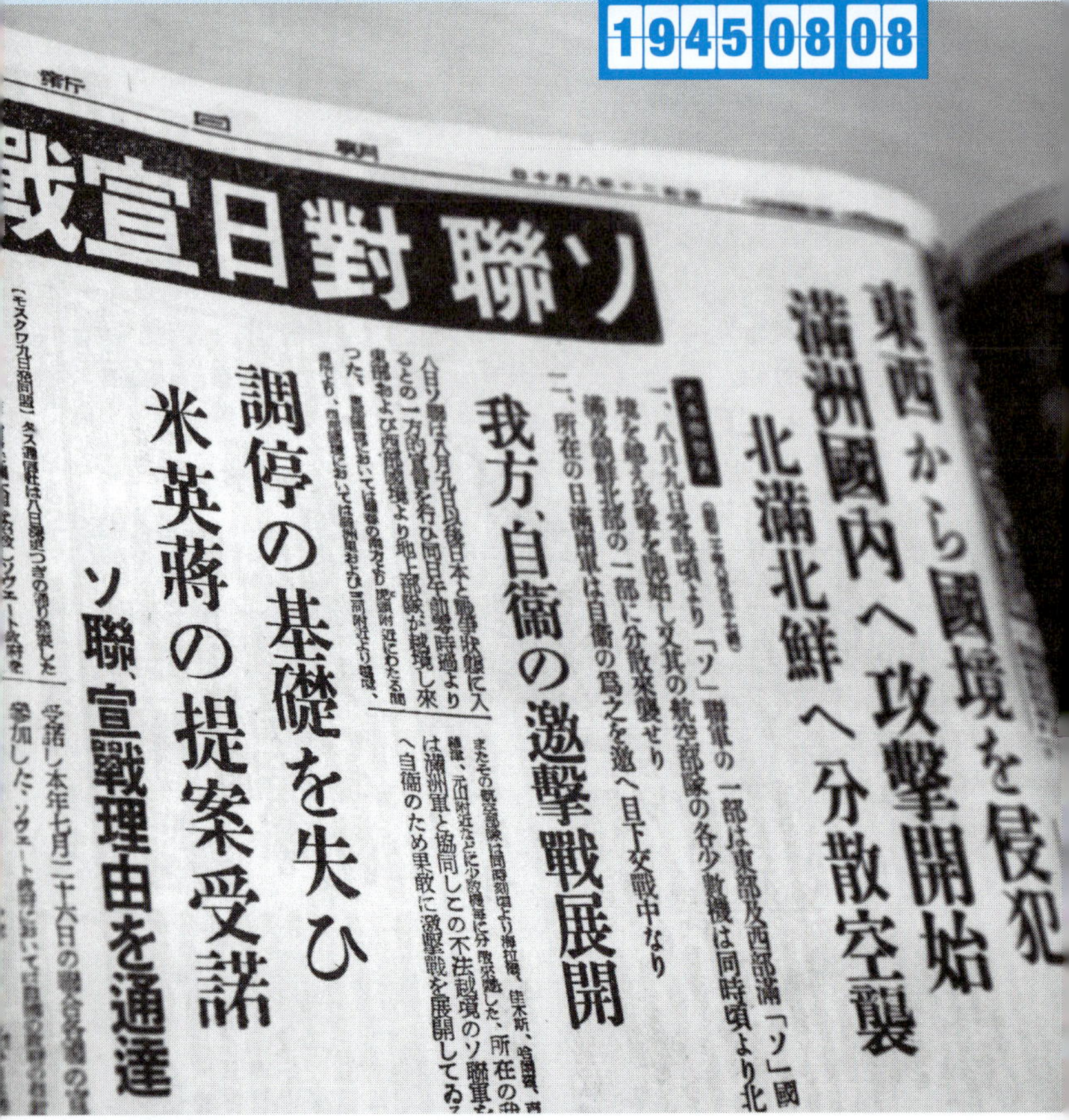
ソ聯對日宣戰

東西から國境を侵犯
滿洲國内へ攻擊開始
北滿北鮮へ分散空襲

一、八月九日零時頃より「ソ」聯軍の一部は東部及西部滿「ソ」國境を越え攻擊を開始し又其の航空部隊の各少數機は同時頃より北滿及朝鮮北部の一部に分散來襲せり

二、所在の日滿兩軍は自衛の爲之を邀へ目下交戰中なり

我方、自衛の邀擊戰展開

調停の基礎を失ひ
米英蔣の提案受諾
ソ聯、宣戰理由を通達

ソ連、対日宣戦布告

昭和20年8月8日

午後５時（日本時間午後11時）、ソ連は日ソ中立条約を一方的に破棄し対日宣戦を布告（156ページ参照）、日付が変わると満洲他へ攻撃を開始した。日本は戦争終結に向けてソ連の仲介役を期待していただけに、ソ連の対日宣戦布告はポツダム宣言受諾の決定的一打となった。（1945年8月10日付朝日新聞）

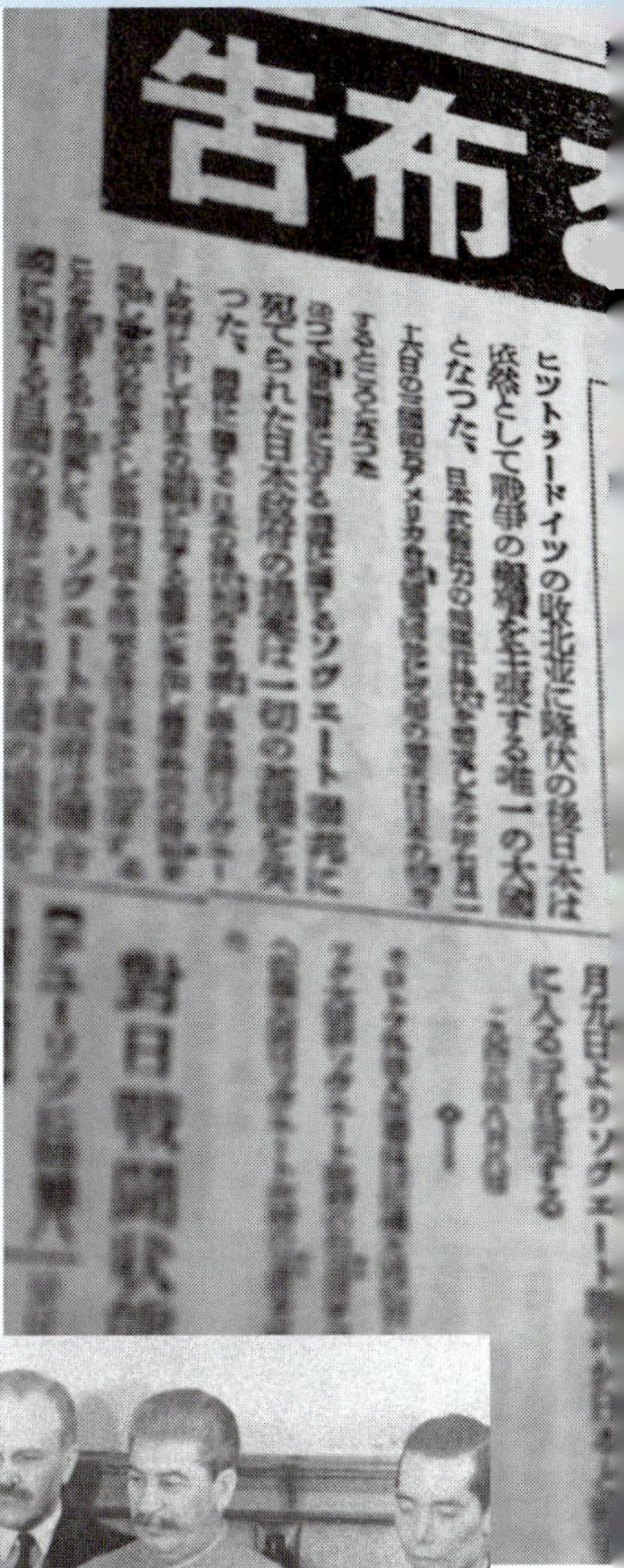

下の写真は、1941 年４月 13 日、モスクワで日ソ中立条約に署名する松岡洋右（まつおか・ようすけ）外相（発効は４月 25 日）。後列右から２人目からスターリン書記長、モロトフ外相、ロゾフスキー副外相。1945 年４月５日、ソ連は同条約の延長をしない旨、日本に通告。当時すでにソ連は連合国に対日戦参加を密約していた。

敗戦——昭和天皇の玉音放送

昭和20年8月15日

皇居前広場でひざまずき、玉音放送に耳を傾ける人々。正午、ポツダム宣言を受諾し降伏するとの詔書（しょうしょ＝天皇が発する公文書）を読み上げる昭和天皇の声がラジオ放送された。翌日の新聞は「一億相哭（そうこく）の秋」と伝えた。

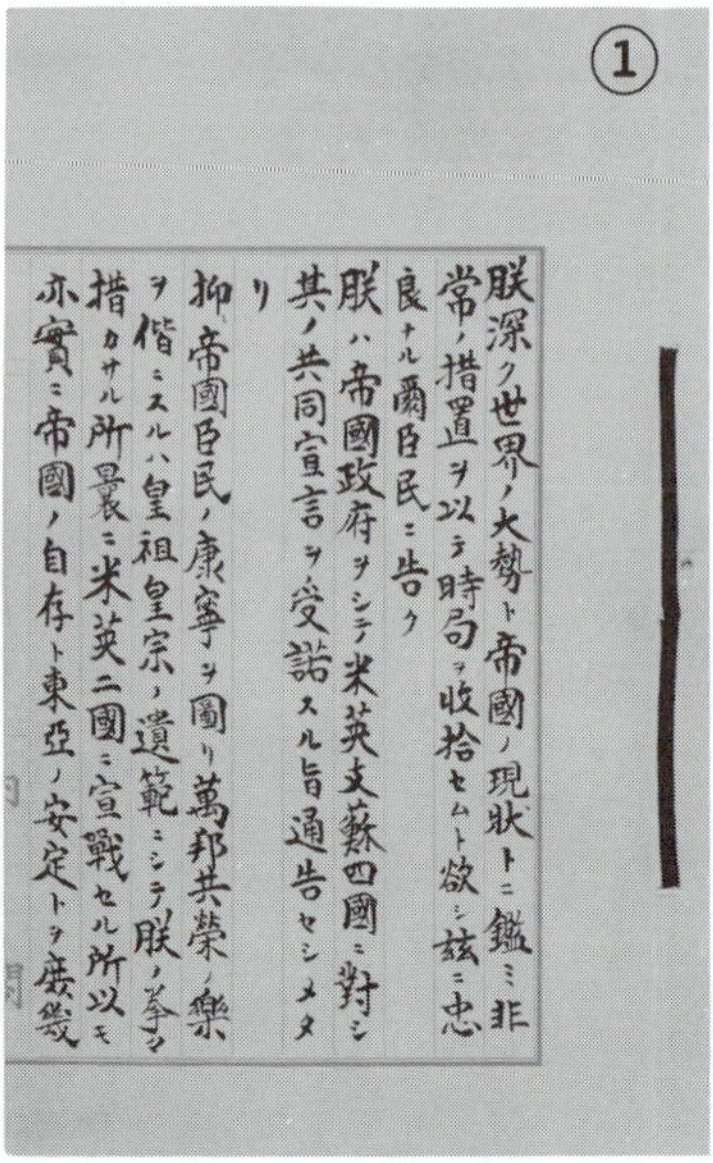
①

朕深ク世界ノ大勢ト帝國ノ現狀トニ鑑ミ非
常ノ措置ヲ以テ時局ヲ收拾セムト欲シ茲ニ忠
良ナル爾臣民ニ告ク
朕ハ帝國政府ヲシテ米英支蘇四國ニ對シ
其ノ共同宣言ヲ受諾スル旨通告セシメタ
リ
抑〻帝國臣民ノ康寧ヲ圖リ萬邦共榮ノ樂
ヲ偕ニスルハ皇祖皇宗ノ遺範ニシテ朕ノ拳〻
措カサル所曩ニ米英二國ニ宣戰セル所以モ
亦實ニ帝國ノ自存ト東亞ノ安定トヲ庶幾

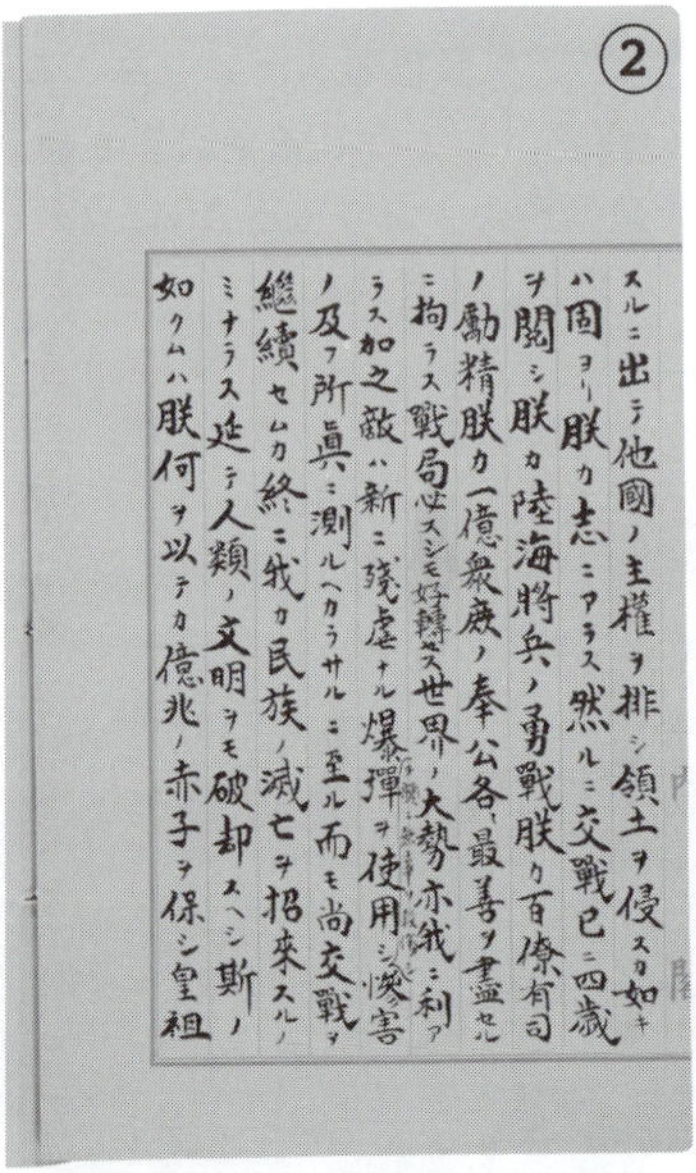
②

スルニ出テ他國ノ主權ヲ排シ領土ヲ侵スカ如キ
ハ固ヨリ朕カ志ニアラス然ルニ交戰已ニ四歳
ヲ閲シ朕カ陸海將兵ノ勇戰朕カ百僚有司
ノ勵精朕カ一億衆庶ノ奉公各〻最善ヲ盡セル
ニ拘ラス戰局必スシモ好轉セス世界ノ大勢亦我ニ利ア
ラス加之敵ハ新ニ殘虐ナル爆彈ヲ使用シテ頻ニ無辜ヲ殺傷シ慘害
ノ及フ所眞ニ測ルヘカラサルニ至ル而モ尚交戰ヲ
繼續セムカ終ニ我カ民族ノ滅亡ヲ招來スルノ
ミナラス延テ人類ノ文明ヲモ破却スヘシ斯ノ
如クムハ朕何ヲ以テカ億兆ノ赤子ヲ保シ皇祖

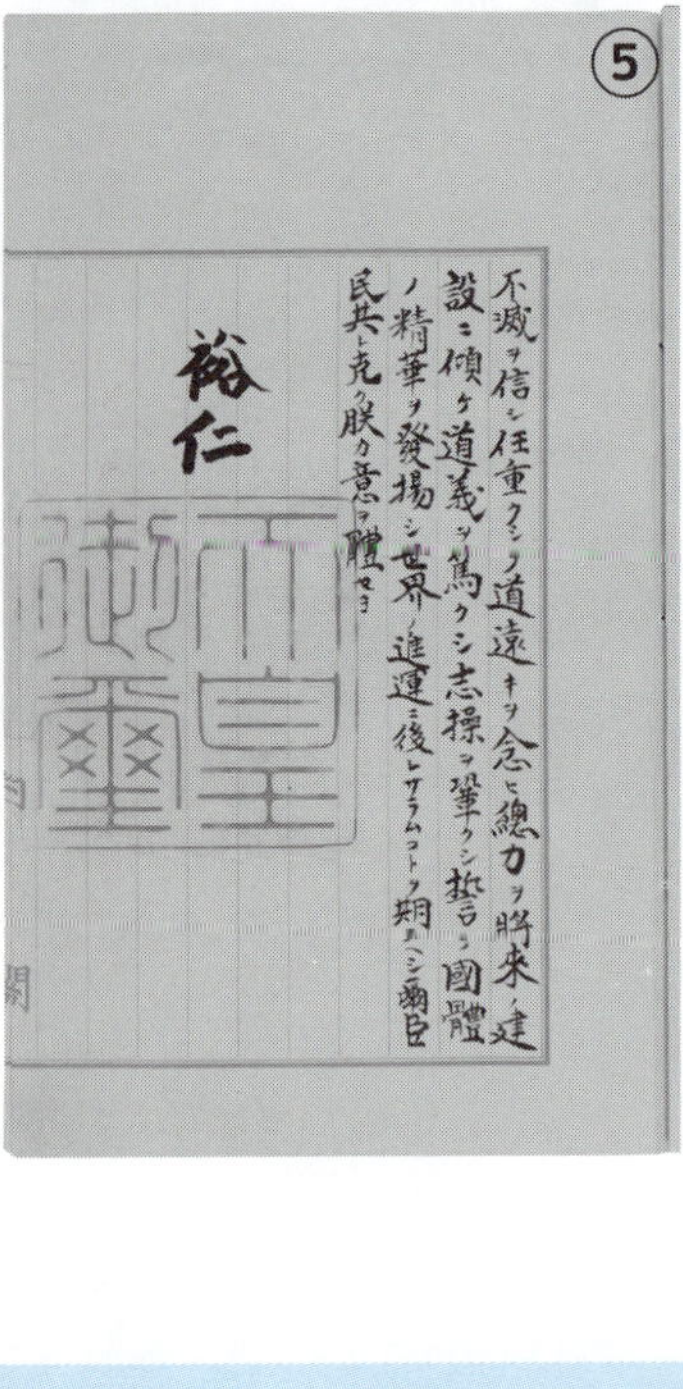
⑤

不滅ヲ信シ任重クシテ道遠キヲ念ヒ總力ヲ將來ノ建
設ニ傾ケ道義ヲ篤クシ志操ヲ鞏クシ誓テ國體
ノ精華ヲ發揚シ世界ノ進運ニ後レサラムコトヲ期スヘシ爾臣
民其レ克ク朕カ意ヲ體セヨ

裕仁

「終戦の詔書」

いわゆる玉音放送。詔書は8月14日、その案が閣議にかけられ確定した。深夜に天皇が宮内省でレコード盤に録音し、翌正午にラジオ放送され、国民は初めて昭和天皇の声を直接聞いた。(内容詳細は152ページ)

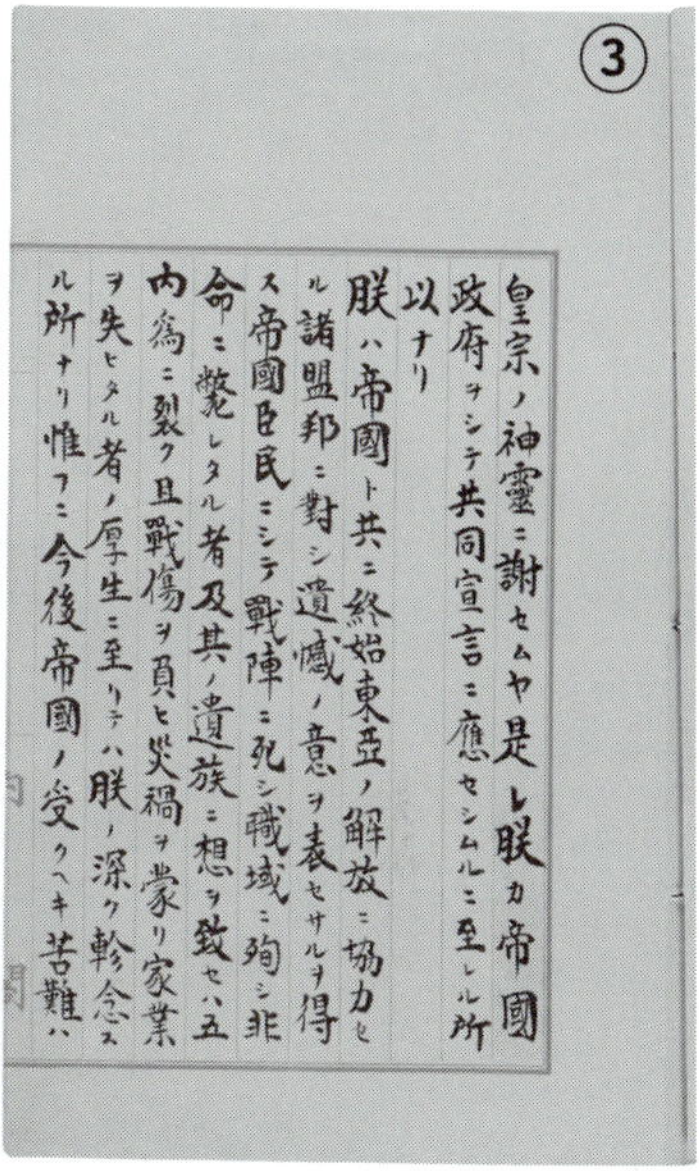

③

皇宗ノ神靈ニ謝セムヤ是レ朕カ帝國
政府ヲシテ共同宣言ニ應セシムルニ至レル所
以ナリ
朕ハ帝國ト共ニ終始東亞ノ解放ニ協力セ
ル諸盟邦ニ對シ遺憾ノ意ヲ表セサルヲ得
ス帝國臣民ニシテ戰陣ニ死シ職域ニ殉シ非
命ニ斃レタル者及其ノ遺族ニ想ヲ致セハ五
内爲ニ裂ク且戰傷ヲ負ヒ災禍ヲ蒙リ家業
ヲ失ヒタル者ノ厚生ニ至リテハ朕ノ深ク軫念ス
ル所ナリ惟フニ今後帝國ノ受クヘキ苦難ハ

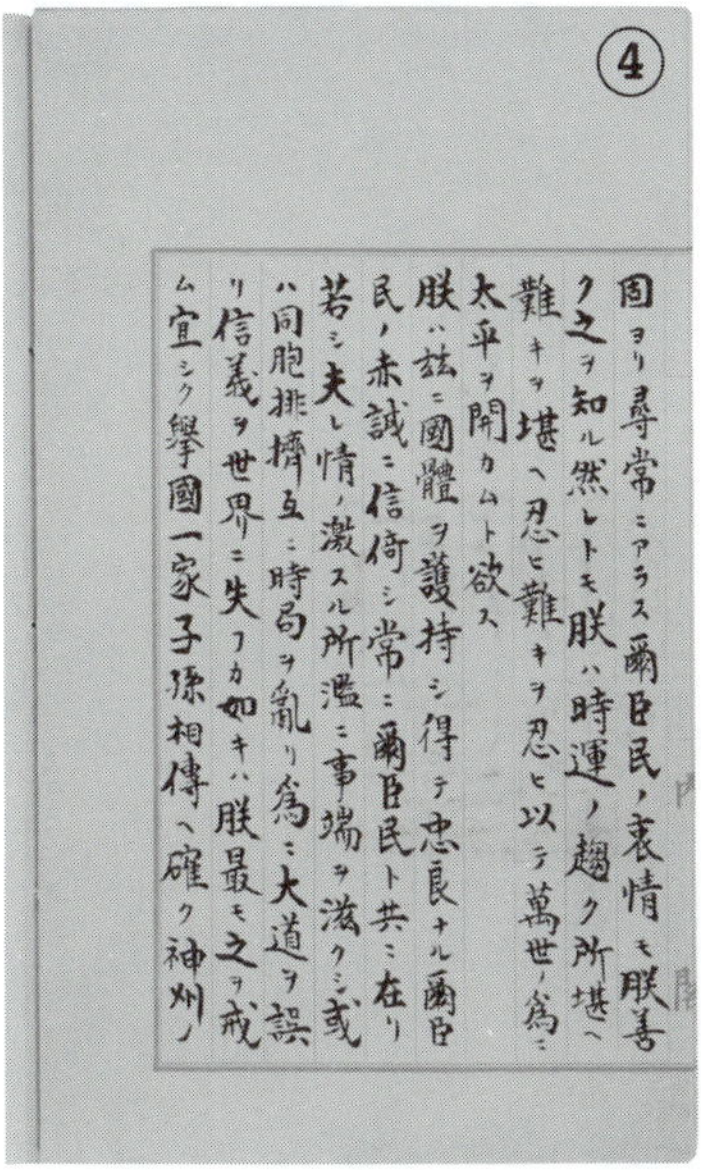

④

固ヨリ尋常ニアラス爾臣民ノ衷情モ朕善
ク之ヲ知ル然レトモ朕ハ時運ノ趨ク所堪ヘ
難キヲ堪ヘ忍ヒ難キヲ忍ヒ以テ萬世ノ爲ニ
太平ヲ開カムト欲ス
朕ハ茲ニ國體ヲ護持シ得テ忠良ナル爾臣
民ノ赤誠ニ信倚シ常ニ爾臣民ト共ニ在リ
若シ夫レ情ノ激スル所濫ニ事端ヲ滋クシ或
ハ同胞排擠互ニ時局ヲ亂リ爲ニ大道ヲ誤
リ信義ヲ世界ニ失フカ如キハ朕最モ之ヲ戒
ム宜シク擧國一家子孫相傳ヘ確ク神州ノ

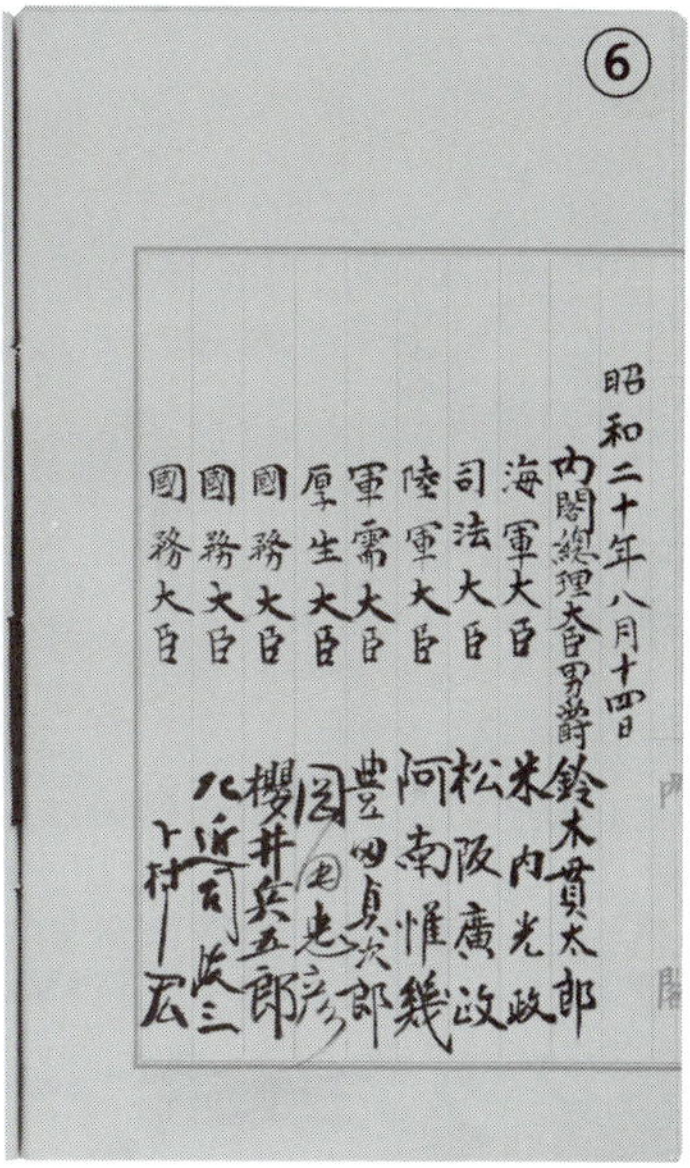

⑥

昭和二十年八月十四日
内閣總理大臣男爵 鈴木貫太郎
海軍大臣 米内光政
司法大臣 松阪廣政
陸軍大臣 阿南惟幾
軍需大臣 豊田貞次郎
厚生大臣 岡田忠彦
國務大臣 櫻井兵五郎
國務大臣 左近司政三
國務大臣 下村宏

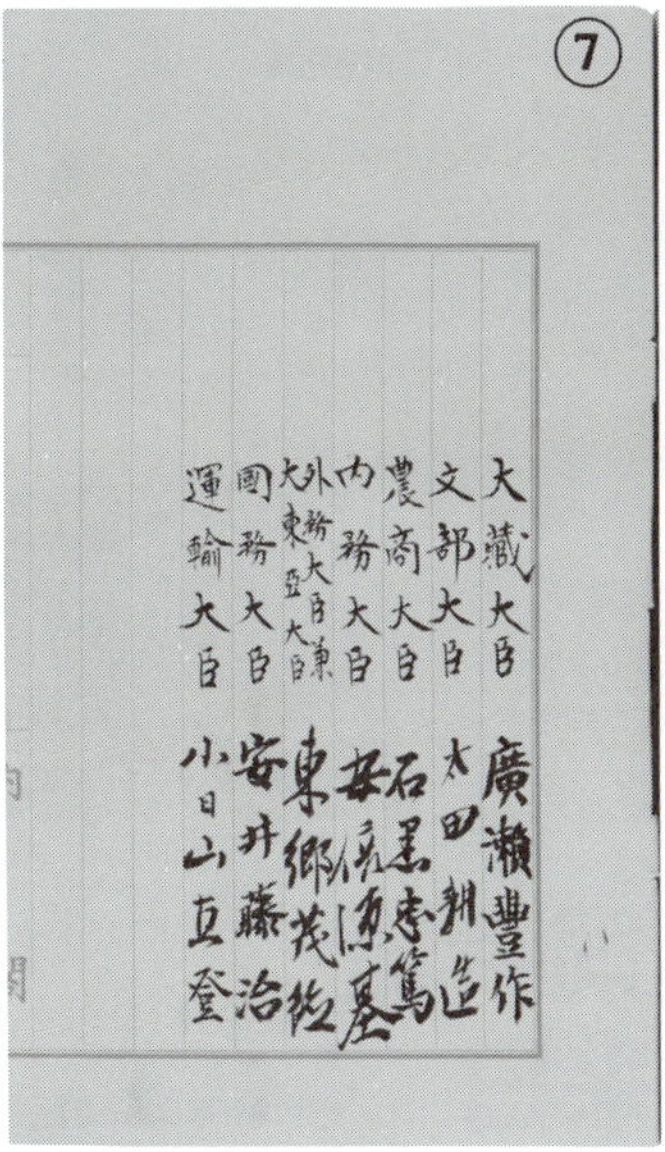

⑦

大藏大臣 廣瀨豊作
文部大臣 太田耕造
農商大臣 石黒忠篤
内務大臣 安倍源基
外務大臣兼大東亞大臣 東郷茂德
國務大臣 安井藤治
運輸大臣 小日山直登

1945 08 30

連合国軍最高司令官 マッカーサー来日

昭和20年8月30日

午後２時過ぎ、神奈川・厚木飛行場に到着し、日本占領の第一歩を踏み出すマッカーサー連合国軍最高司令官。この日から、1951 年４月 11 日に更迭されるまで、占領の責任者として日本に君臨した。（米陸軍通信隊撮影／ ACME）

1945 09 02

降伏——第２次世界大戦終結

昭和20年9月2日

降伏文書調印のため、東京湾に停泊中の米戦艦ミズーリ号に到着した重光葵（しげみつ・まもる）外相、梅津美治郎（うめづ・よしじろう）参謀総長ら日本代表団（米国防省撮影）。この調印により日本が正式に降伏、第２次世界大戦が終わった。

1945 09 02

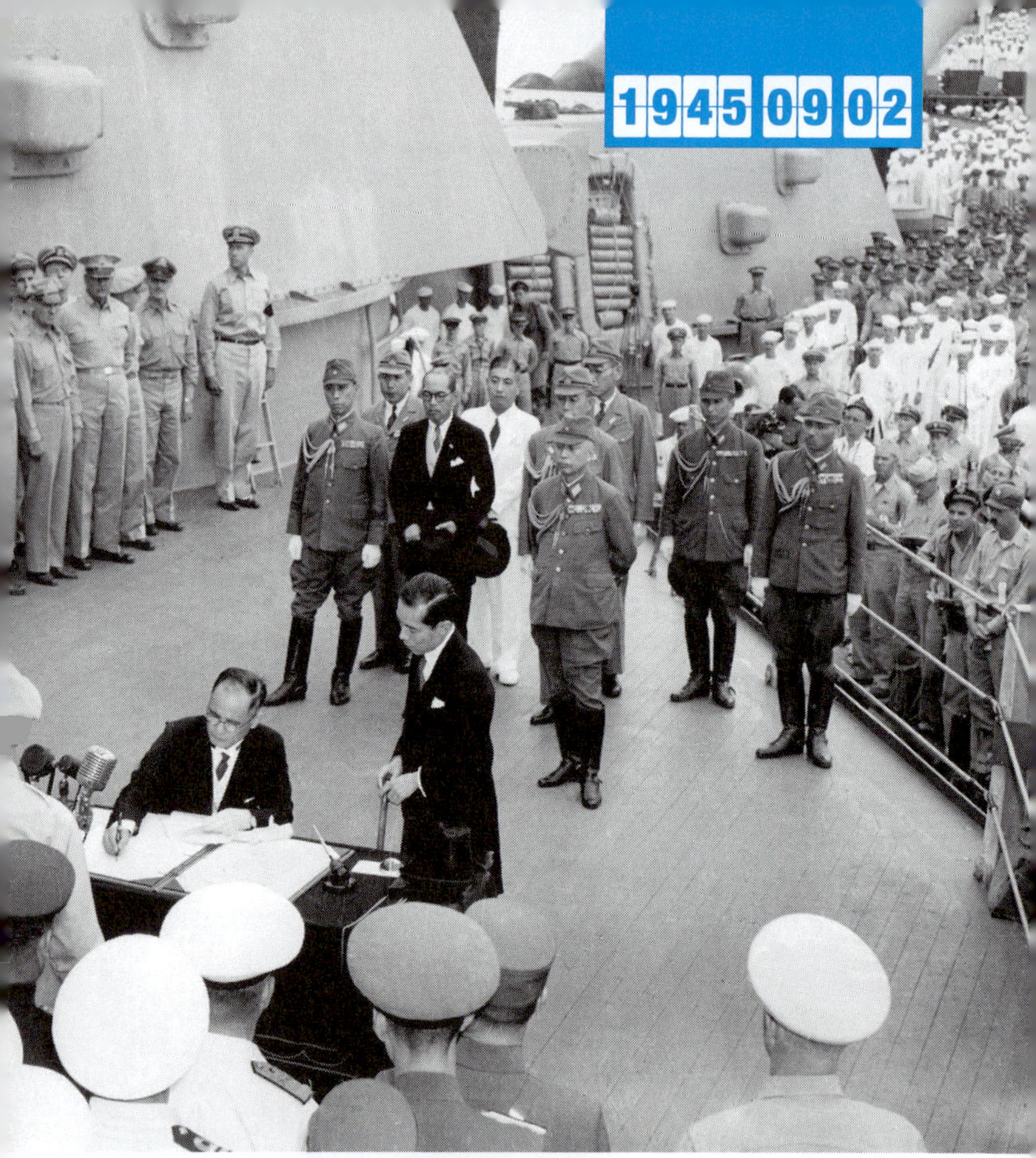

降伏文書調印式

昭和20年9月2日

ミズーリ号甲板で降伏文書に署名する重光葵外相。右は随員の加瀬俊一（かせ・としかず）。後ろの軍服姿で先頭に立っているのが梅津美治郎参謀総長。マッカーサー連合国軍最高司令官をはじめ、連合各国の代表が署名した。ミズーリ号はハワイの真珠湾に今も現存し、内部は記念館になっている。日本語の案内もあり、「降伏文書」のレプリカなども展示されている。

「降伏文書」表紙。同日発せられた占領軍による指令第1号が同時掲載されている。指令の内容は、日本軍の戦闘停止、武装解除、軍事施設・捕虜などの情報提供、復員、占領軍への物資等の協力など。

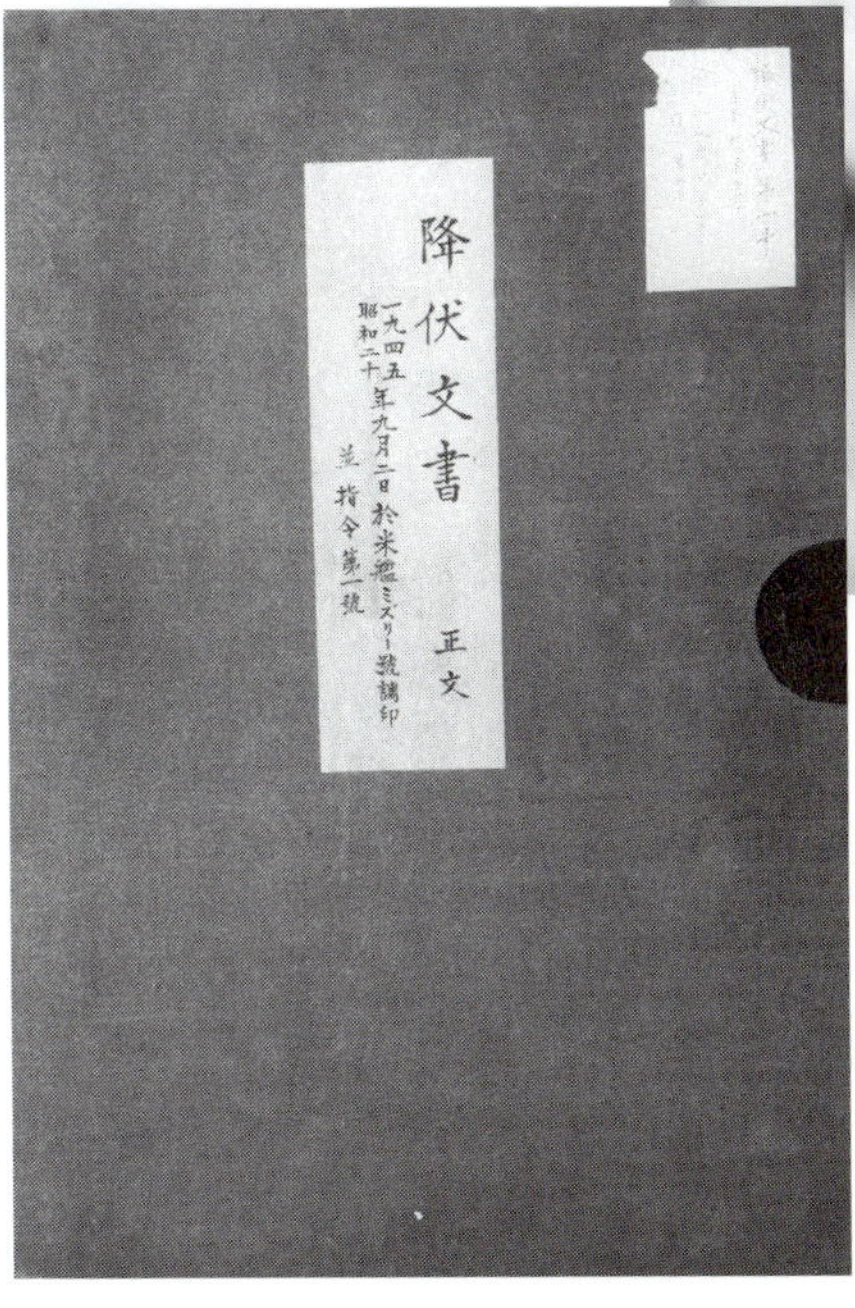

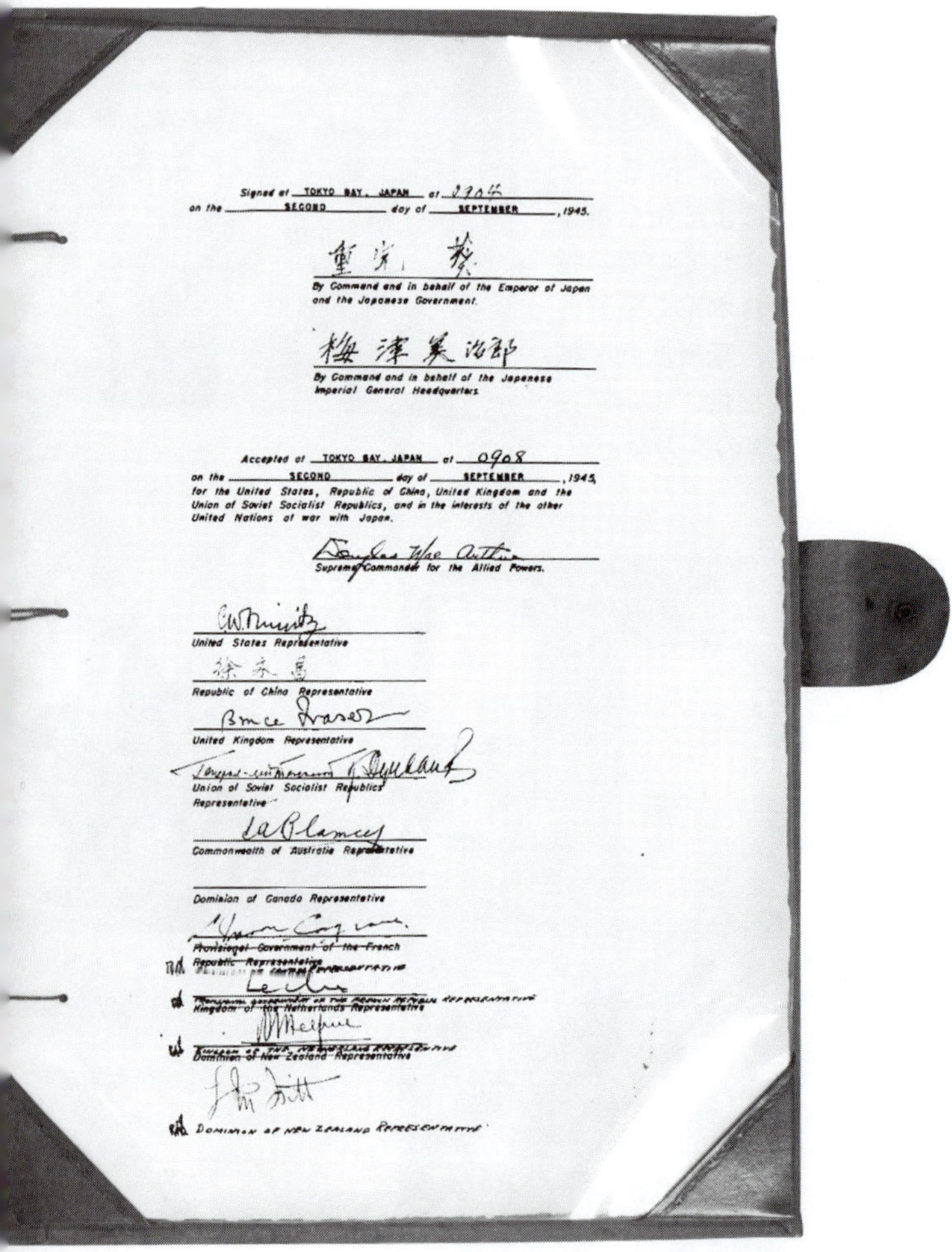
Signed at TOKYO BAY, JAPAN at
on the SECOND day of SEPTEMBER, 1945.

By Command and in behalf of the Emperor of Japan and the Japanese Government.

By Command and in behalf of the Japanese Imperial General Headquarters.

Accepted at TOKYO BAY, JAPAN at 0908
on the SECOND day of SEPTEMBER, 1945,
for the United States, Republic of China, United Kingdom and the Union of Soviet Socialist Republics, and in the interests of the other United Nations at war with Japan.

Supreme Commander for the Allied Powers.

United States Representative

Republic of China Representative

United Kingdom Representative

Union of Soviet Socialist Republics Representative

Commonwealth of Australia Representative

Dominion of Canada Representative

~~Provisional Government of the French Republic Representative~~

~~Kingdom of the Netherlands Representative~~

~~Dominion of New Zealand Representative~~

Dominion of New Zealand Representative

↗て１行下に署名したため、続くサインがすべて１行ずれてしまい、カナダ以下４カ国分の国名等は手書きで修正された。

（外務省外交史料館所蔵）

「降伏文書」

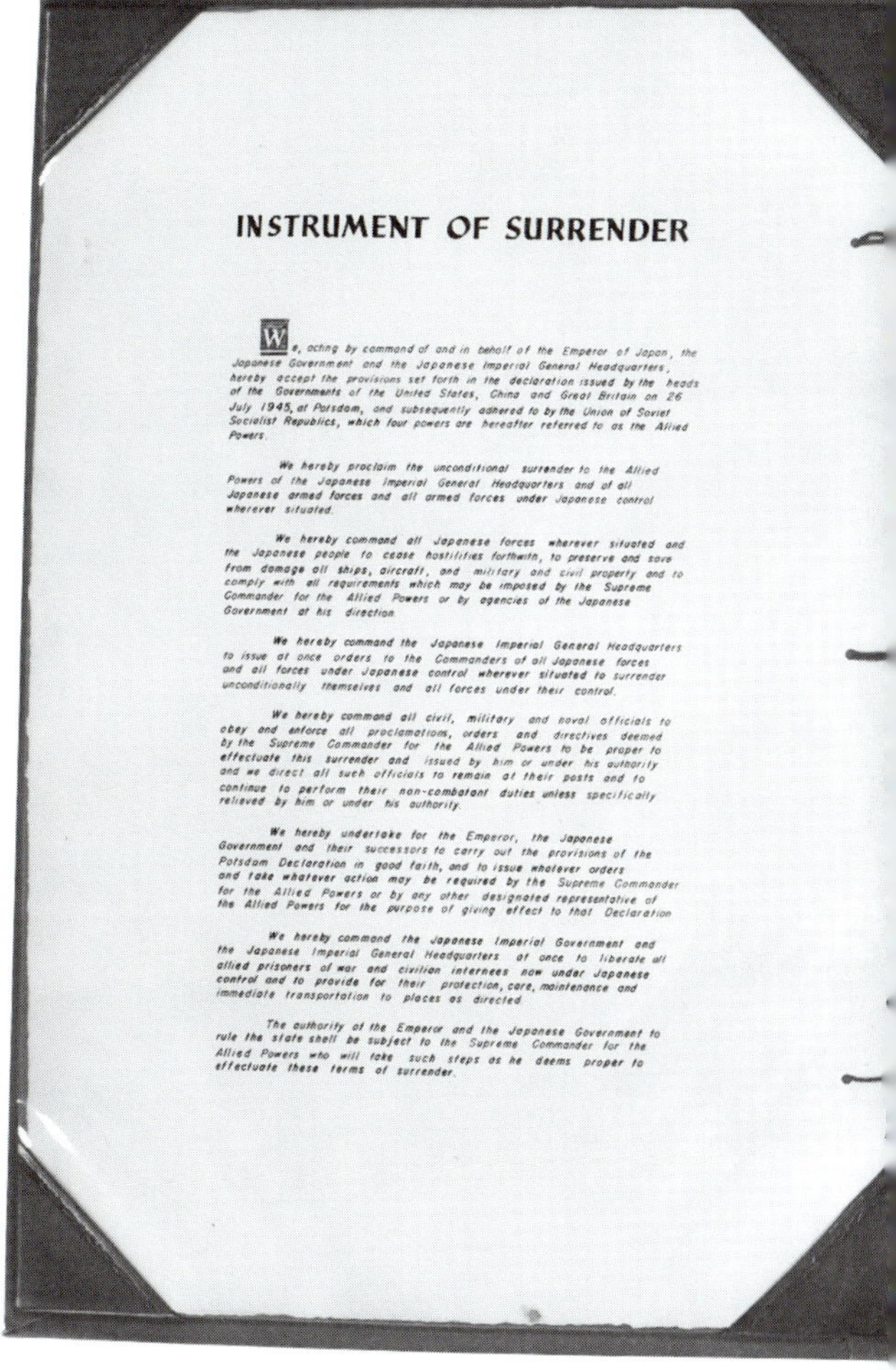

INSTRUMENT OF SURRENDER

We, acting by command of and in behalf of the Emperor of Japan, the Japanese Government and the Japanese Imperial General Headquarters, hereby accept the provisions set forth in the declaration issued by the heads of the Governments of the United States, China and Great Britain on 26 July 1945, at Potsdam, and subsequently adhered to by the Union of Soviet Socialist Republics, which four powers are hereafter referred to as the Allied Powers.

We hereby proclaim the unconditional surrender to the Allied Powers of the Japanese Imperial General Headquarters and of all Japanese armed forces and all armed forces under Japanese control wherever situated.

We hereby command all Japanese forces wherever situated and the Japanese people to cease hostilities forthwith, to preserve and save from damage all ships, aircraft, and military and civil property and to comply with all requirements which may be imposed by the Supreme Commander for the Allied Powers or by agencies of the Japanese Government at his direction.

We hereby command the Japanese Imperial General Headquarters to issue at once orders to the Commanders of all Japanese forces and all forces under Japanese control wherever situated to surrender unconditionally themselves and all forces under their control.

We hereby command all civil, military and naval officials to obey and enforce all proclamations, orders and directives deemed by the Supreme Commander for the Allied Powers to be proper to effectuate this surrender and issued by him or under his authority and we direct all such officials to remain at their posts and to continue to perform their non-combatant duties unless specifically relieved by him or under his authority.

We hereby undertake for the Emperor, the Japanese Government and their successors to carry out the provisions of the Potsdam Declaration in good faith, and to issue whatever orders and take whatever action may be required by the Supreme Commander for the Allied Powers or by any other designated representative of the Allied Powers for the purpose of giving effect to that Declaration.

We hereby command the Japanese Imperial Government and the Japanese Imperial General Headquarters at once to liberate all allied prisoners of war and civilian internees now under Japanese control and to provide for their protection, care, maintenance and immediate transportation to places as directed.

The authority of the Emperor and the Japanese Government to rule the state shall be subject to the Supreme Commander for the Allied Powers who will take such steps as he deems proper to effectuate these terms of surrender.

日本代表の重光外相、梅津参謀総長、マッカーサー連合国軍最高司令官の他、連合国各国代表者９人の署名。カナダ代表が誤っ↗

POTSDAM PROCLAMATION
Potsdam, July 26, 1945

第五章
「降伏文書」

※原文は外務省外交史料館所蔵

降伏文書

昭和二十年（一九四五年）九月二日

INSTRUMENT OF SURRENDER

Signed on September 2, 1945.

instrument：法律文書、証書、協定書、契約書
surrender：降伏

下名《かめい》ハ茲《ここ》ニ合衆國《がっしゅうこく》、中華民國《ちゅうかみんこく》及《および》「グレート、ブリテン」國《こく》ノ政府《せいふ》ノ首班《しゅはん》ガ千九百四十五年七月二十六日「ポツダム」ニ於《おい》テ發《はっ》シ後《のち》ニ「ソヴィエト」社會主義共和國聯邦《しゃかいしゅぎきょうわこくれんぽう》ガ參加《さんか》シタル宣言《せんげん》ノ條項《じょうこう》ヲ日本國天皇《にほんこくてんのう》、日本國政府《にほんこくせいふ》及《および》日本帝國大本營《にほんていこくだいほんえい》ノ命《めい》ニ依《よ》リ且之《かつこれ》ニ代《かわ》リ受諾《じゅだく》ス
右四國《みぎしこく》ハ以下之《いかこれ》ヲ聯合國《れんごうこく》ト稱《しょう》ス

われわれは、日本国天皇、日本国政府、および日本帝国総司令部の命によって、かつこれに代わって、ここに、合衆国、中国および英国の政府の首脳が１９４５年7月２６日にポツダムで出した宣言に述べられた条項を受諾する。同宣言には、のちにソビエト社会主義共和国連邦が加わった。これら４カ国を以後連合国と呼ぶ。

We★, acting by command of and in behalf of the Emperor of Japan, the Japanese Government and the Japanese Imperial General Headquarters, hereby accept the provisions set forth in the declaration issued by the heads of the Governments of the United States, China★ and Great Britain on 26 July 1945, at Potsdam, and subsequently adhered to by the Union of Soviet Socialist Republics, which four powers are hereafter referred to as the Allied Powers.

acting by command of：～の命によって行動して
in behalf of：～に代わって、～のために
General Headquarters：総司令部（大本営）
provision：条項 **set forth**：述べる
declaration：宣言 **issue**：（声明、命令などを）出す
subsequently：続いて、のちに **adhere to**：くっつく、固執する **hereafter**：今後 **referred to as**：～を…と呼ぶ **the Allied Powers**：連合国

★ **We**：下名＝降伏文書に署名した重光葵と梅津美治郎
★ **China**：中華民国（中国）。当時は支那が一般的な呼称。共産党は内戦で中華民国政府軍を相手に戦っており、1949年10月発足の中華人民共和国はまだ存在しない。

下名《かめい》ハ茲《ここ》ニ日本帝國大本營《にほんていこくだいほんえい》竝《ならび》ニ何《いず》レノ位置《いち》ニ在《あ》ルヲ問《と》ハズ一切《いっさい》ノ日本國軍隊《にほんこくぐんたい》及《および》日《に》本國《ほんこく》ノ支配下《しはいか》ニ在《あ》ル一切《いっさい》ノ軍隊《ぐんたい》ノ聯合國《れんごうこく》ニ對《たい》スル無條件降伏《むじょうけんこうふく》ヲ布告《ふこく》ス

われわれはここに、日本帝国総司令部と、どこに位置するかにかかわらず、すべての日本国軍隊および日本の支配下にあるすべての軍隊との、連合国に対する無条件降伏を宣言する。

We hereby proclaim the unconditional surrender to the Allied Powers of the Japanese Imperial General Headquarters and of all Japanese armed forces and all armed forces under Japanese control wherever situated.

proclaim：宣言する
unconditional：無条件の、絶対的な
armed：武装した　**forces**：軍隊
wherever situated：どこに位置するかにかかわらず

下名《かめい》ハ茲《ここ》ニ何《いず》レノ位置《いち》ニ在《あ》ルヲ問《と》ハズ一切《いっさい》ノ日本國軍隊《にほんこくぐんたい》及《および》日本國臣民《にほんこくしんみん》ニ對《たい》シ敵對行爲《てきたいこうい》ヲ直《ただち》ニ終止《しゅうし》スルコト、一切《いっさい》ノ船舶《せんぱく》、航空機《こうくうき》竝《ならび》ニ軍用《ぐんよう》及《および》非軍用財産《ひぐんようざいさん》ヲ保存《ほぞん》シ之《これ》ガ毀損《きそん》ヲ防止《ぼうし》スルコト及《および》聯合國最高司令官《れんごうこくさいこうしれいかん》又《また》ハ其《そ》ノ指示《しじ》ニ基《もとづ》キ日本國政府《にほんこくせいふ》ノ諸機關《しょきかん》ノ課《か》スベキ一切《いっさい》ノ要求《ようきゅう》ニ應《おう》ズルコトヲ命《めい》ズ

われわれはここに、どこの位置にあるかにかかわらずすべての日本国軍隊と日本国民に、直ちに戦闘行為を止め、すべての船舶、航空機、ならびに軍用および民用財産を保存し、損傷から守り、そして連合国最高司令官またはその指示を受けた日本国政府諸機関によって課されるかもしれないいかなる要求にも従うよう命令する。

We hereby command all Japanese forces wherever situated and the Japanese people to cease hostilities forthwith, to preserve and save from damage all ships, aircraft, and military and civil property and to comply with all requirements which may be imposed by the Supreme Commander for the Allied Powers or by agencies of the Japanese Government at his direction.

cease：中止する　hostilities：戦争、戦闘行為
forthwith：直ちに、すぐに
preserve：保護する、保存する　civil：民用（非軍用）
property：財産　comply with：従う
requirement：要求　impose：課す、押し付ける
the Supreme Commander：最高司令官
agency：政府機関　direction：指示

下名《かめい》ハ茲《ここ》ニ日本帝國大本營《にほんていこくだいほんえい》ガ何《いず》レノ位置《いち》ニ
在《あ》ルヲ問《と》ハズ一切《いっさい》ノ日本國軍隊及日本國《にほんこくぐんたいおよびにほんこく》ノ
支配下《しはいか》ニ在《あ》ル一切《いっさい》ノ軍隊《ぐんたい》ノ指揮官《しきかん》ニ對《たい》シ自身《じしん》
及《および》其《そ》ノ支配下《しはいか》ニ在《あ》ル一切《いっさい》ノ軍隊《ぐんたい》ガ無條件《むじょうけん》ニ
降伏《こうふく》スベキ旨《むね》ノ命令《めいれい》ヲ直《ただち》ニ發《はっ》スルコトヲ命《めい》ズ

われわれはここに、日本帝国総司令部に、どこの位置にあるかにかかわらず、すべての日本国軍隊、および日本の支配下にあるすべての軍隊の指揮官に対し、自分たち自身とその支配下にあるすべての軍隊とが、無条件で降伏するよう直ちに命令を出すことを命じる。

We hereby command the Japanese Imperial General Headquarters to issue at once orders to the Commanders of all Japanese forces and all forces under Japanese control wherever situated to surrender unconditionally themselves and all forces under their control.

issue orders：命令を出す　the Commanders：指揮官
unconditionally：無条件に

下名《かめい》ハ茲《ここ》ニ一切《いっさい》ノ官廳《かんちょう》、陸軍《りくぐん》及《および》海軍《かいぐん》ノ職員《しょくいん》ニ對《たい》シ聯合國最高司令官《れんごうこくさいこうしれいかん》ガ本降伏實施《ほんこうふくじっし》ノ爲適當《ためてきとう》ナリト認《みと》メテ自《みずか》ラ發《はっ》シ又《また》ハ其《そ》ノ委任《いにん》ニ基《もとづ》キ發《はっ》セシムル一切《いっさい》ノ布告《ふこく》、命令及《めいれいおよび》指示《しじ》ヲ遵守《じゅんしゅ》シ且之《かつこれ》ヲ施行《しこう》スベキコトヲ命《めい》ジ竝《ならび》ニ右《みぎ》職員《しょくいん》ガ聯合國最高司令官《れんごうこくさいこうしれいかん》ニ依《よ》リ又《また》ハ其《そ》ノ委任《いにん》ニ基《もとづ》キ特《とく》ニ任務《にんむ》ヲ解《と》カレザル限《かぎ》リ各自《かくじ》ノ地位《ちい》ニ留《とどま》リ且引續《かつひきつづ》キ各自《かくじ》ノ非戰鬪的任務《ひせんとうてきにんむ》ヲ行《おこな》フコトヲ命《めい》ズ

われわれはここに、すべての文民、陸軍および海軍の職員に対して、連合国最高司令官がこの降伏の実施のために適当だと認めて自ら出し、またはその委任に基づいて出されるすべての布告、命令および指示に従い、かつそれを施行するよう命令する。われわれはこうした職員のすべてに、連合国最高司令官によって、あるいはその委任に基づいて具体的に解任されないかぎり、それぞれの地位に留まって、その非戦闘的任務を続けるよう指示する。

We hereby command all civil, military and naval officials to obey and enforce all proclamations, orders and directives deemed by the Supreme Commander for the Allied Powers to be proper to effectuate this surrender and issued by him or under his authority and we direct all such officials to remain at their posts and to continue to perform their non-combatant duties unless specifically relieved by him or under his authority.

civil：文民（官庁）　**military**：軍（陸軍）　**naval**：海軍の
official：役人、職員　**enforce**：施行する、実施する
proclamation：宣言、布告　**directive**：指示
deem：と思う、考える　**proper**：適した、ふさわしい
effectuate：実施する　**authority**：権威
non-combatant：非戦闘員の　**duty**：義務
unless：〜しない限り　**specifically**：明確に、具体的に
relieve：解任する

下名《かめい》ハ茲《ここ》ニ「ポツダム」宣言《せんげん》ノ條項《じょうこう》ヲ誠實《せいじつ》ニ履行《りこう》スルコト竝《ならび》ニ右宣言《みぎせんげん》ヲ實施《じっし》スル爲《ため》聯合國最高司令官《れんごうこくさいこうしれいかん》又《また》ハ其《そ》ノ他特定《ほかとくてい》ノ聯合國《れんごうこく》代表者《だいひょうしゃ》ガ要求《ようきゅう》スルコトアルベキ一切《いっさい》ノ命令《めいれい》ヲ發《はっ》シ且斯《かつかか》ル一切《いっさい》ノ措置《そち》ヲ執《と》ルコトヲ天皇《てんのう》、日本國政府《にほんこくせいふ》及《および》其《そ》ノ後繼者《こうけいしゃ》ノ爲《ため》ニ約《やく》ス

われわれはここに、天皇、日本国政府、およびその後継者に代わって、ポツダム宣言の条項を誠実に履行し、連合国最高司令官または連合国の他の指名代表から宣言実施のために求められるかもしれないいかなる命令をも出し、いかなる行動をもとることを約束する。

We hereby undertake for the Emperor, the Japanese Government and their successors to carry out the provisions of the Potsdam Declaration in good faith, and to issue whatever orders and take whatever action may be required by the Supreme Commander for the Allied Powers or by any other designated representative of the Allied Powers for the purpose of giving effect to that Declaration.

undertake：約束する、引き受ける **successor**：後継者
carry out：実行する **provision**：条項
in good faith：忠実に、誠実に
take action：行動をとる **require**：求める
the Supreme Commander：最高司令官
designated：指名された、任命された
representative：代表
for the purpose of：〜の目的のために
give effect to：〜を実施する

下名《かめい》ハ茲《ここ》ニ日本帝國政府《にほんていこくせいふ》及《および》日本帝國《にほんていこく》大本營《だいほんえい》ニ對《たい》シ現《げん》ニ日本國《にほんこく》ノ支配下《しはいか》ニ在《あ》ル一切《いっさい》ノ聯合國俘虜《れんごうこくふりょ》及《および》被抑留者《ひよくりゅうしゃ》ヲ直《ただち》ニ解放《かいほう》スルコト竝《ならび》ニ其《そ》ノ保護《ほご》、手當《てあて》、給養《きゅうよう》及《および》指示《しじ》セラレタル場所《ばしょ》ヘノ即時輸送《そくじゆそう》ノ爲《ため》ノ措置《そち》ヲ執《と》ルコトヲ命《めい》ズ

われわれはここに、日本帝国政府、および日本帝国総司令部に対して、現在日本の支配下にあるすべての連合国捕虜および民間人被抑留者を直ちに解放し、ならびに彼らの保護、世話、養育、および指示された場所への即時移送の手立てを整えることを命じる。

We hereby command the Japanese Imperial Government and the Japanese Imperial General Headquarters at once to liberate all allied prisoners of war and civilian internees now under Japanese control and to provide for their protection, care, maintenance and immediate transportation to places as directed.

liberate：解放する
allied：連合している（＝ここでは連合国）
prisoners of war：捕虜　civilian：一般市民
internees：被抑留者
provide for：必要なものを用意する
protection：保護　maintenance：保全、養護
immediate：即時の　direct：命令する

天皇《てんのう》及《および》日本國《にほんこく》政府《せいふ》ノ國家統治《こっかとうち》ノ權限《けんげん》ハ本《ほん》降伏條項《こうふくじょうこう》ヲ實施《じっし》スル爲《ため》適當《てきとう》ト認《みと》ムル措置《そち》ヲ執《と》ル聯合國《れんごうこく》最高司令官《さいこうしれいかん》ノ制限《せいげん》ノ下《もと》ニ置《お》カルルモノトス

天皇および日本国政府の国家統治の権限は、これらの降伏条項実施のために適当と認められる措置をとる連合国最高司令官に従属するものとする。

The authority of the Emperor and the Japanese Government to rule the state shall be subject to the Supreme Commander for the Allied Powers who will take such steps as ★he deems proper to effectuate these terms of surrender.

rule：支配する、統治する　**state**：国家
be subject to：〜の支配下にある、従属する
take steps：措置をとる
effectuate：達成する、実施する　**terms**：条件、条項

★ **he**：the Supreme Commander

千九百四十五年九月二日午前九時四分日本國《にほんこく》東京灣上《とうきょうわんじょう》ニ於《おい》テ署名《しょめい》ス

大日本帝國《だいにほんていこく》天皇陛下《てんのうへいか》及《および》日本國政府《にほんこくせいふ》ノ命《めい》ニ依《よ》リ且其《かつそ》ノ名《な》ニ於《おい》テ

重光　葵

日本帝國《にほんていこく》大本營《だいほんえい》ノ命《めい》ニ依《よ》リ且其《かつそ》ノ名《な》ニ於《おい》テ

梅津　美治郎

千九百四十五年九月二日午前九時八分東京灣上《とうきょうわんじょう》ニ於《おい》テ合衆國《がっしゅうこく》、中華民國《ちゅうかみんこく》、聯合王國《れんごうおうこく》及《および》「ソヴィエト」社會主義共和國聯邦《しゃかいしゅぎきょうわこくれんぽう》ノ爲《ため》ニ竝《ならび》ニ日本國《にほんこく》ト戰爭《せんそう》狀態《じょうたい》ニ在《あ》ル他《た》ノ聯合諸國家《れんごうしょこっか》ノ利益《りえき》ノ爲《ため》ニ受諾《じゅだく》ス

Signed at Tokyo Bay, Japan at 0904 on the Second day of September, 1945.

重光　葵

By Command and in behalf of the Emperor of Japan and the Japanese Government.

梅津美治郎

By Command and in behalf of the Japanese Imperial General Headquarters.

Accepted at Tokyo Bay, Japan at 0908 on the Second day of September, 1945, for the United States, Republic of China, United Kingdom and the Union of Soviet Socialist Republics, and in the interests of the other United Nations at war with Japan.

聯合國最高司令官　ダグラス、マックアーサー

合衆國代表者　シー、ダブリュー、ニミッツ

中華民國代表者　徐永昌

聯合王國代表者　ブルース、フレーザー

「ソヴィエト」社會主義共和國聯邦代表者　クズマ、エヌ、ヂュレヴィヤンコ

「オーストラリア」聯邦代表者　ティー、ユー、ブレーミー

「カナダ」代表者　エル、コスグレーヴ

「フランス」國代表者　ジャック、ルクレルク

「オランダ」國代表者　シェルフ、ヘルフリッヒ

「ニュー、ジーランド」代表者　エス、エム、イシット

Douglas MacArthur
Supreme Commander for the Allied Powers

C. W. Nimitz
United States Representative

徐 永 昌
Republic of China Representative

Bruce Fraser
United Kingdom Representative

Lieutenant-General K. Derevoyanko
Union of Soviet Socialist Republics Representative

T. U. Blamey
Commonwealth of Australia Representative

L. Coxgrave
Dominion of Canada Representative

Le Clerc
Provisional Government of the French Republic Representative

S. Helfrich
Kingdom of the Netherlands Representative

S. M. Isitt
Dominion of New Zealand Representative

POTSDAM PROCLAMATION
Potsdam, July 26, 1945

第六章
「カイロ宣言」

※原文は外務省外交史料館所蔵

カイロ宣言

(日本國ニ關スル英、米、華三國宣言)

千九百四十三年十一月二十七日「カイロ」ニ於テ署名

(本宣言ノ歐文ハ千九百四十三年十二月二日附「ロンドン、タイムズ」ヨリ之ヲ採リタリ)

CAIRO DECLARATION

(Declaration of the Three Powers—
Great Britain, the United States
and China regarding Japan)

Signed at Cairo, November 27, 1943

「ローズヴェルト」大統領《だいとうりょう》、蔣介石大元帥《しょうかいせきだいげんすい》及《および》「チャーチル」總理大臣《そうりだいじん》ハ各自《かくじ》ノ軍事《ぐんじ》及《および》外交顧問《がいこうこもん》ト共《とも》ニ北《きた》「アフリカ」に於《おい》テ會議《かいぎ》ヲ終了《しゅうりょう》シ左《ひだり》ノ一般的聲明發《いっぱんてきせいめいはっ》セラレタリ

ローズヴェルト大統領、蒋介石総統およびチャーチル総理大臣は、それぞれの軍事および外交顧問とともに北アフリカでの会議を終了した。

以下の一般声明が出された。

President Roosevelt, Generalissimo Chiang Kai-Shek and Prime Minister Churchill, together with their respective military and diplomatic advisers, have completed a conference in North Africa.

The following general statement was issued:

Generalissimo：大元帥、総統、最高指揮官
respective：それぞれの　**diplomatic**：外交の
complete：完了する、終える

「各軍事使節《かくぐんじしせつ》ハ日本國《にほんこく》ニ對《たい》スル將來《しょうらい》ノ軍事《ぐんじ》行動《こうどう》ヲ協定《きょうてい》セリ

三大同盟國《さんだいどうめいこく》ハ海路《かいろ》、陸路《りくろ》及《および》空路《くうろ》ニ依《よ》リ其《そ》ノ野蠻《やばん》ナル敵國《てきこく》ニ對《たい》シ假借《かしゃく》ナキ彈壓《だんあつ》ヲ加《くわ》フルノ決意《けつい》ヲ表明《ひょうめい》セリ右彈壓《みぎだんあつ》ハ既《すで》ニ増大《ぞうだい》シツツアリ

「いくつかの軍事使節団が日木に対する将来の軍事作戦に関して合意した。

３大同盟国は、自分たちの残忍な敵に対して、海、陸、および空から容赦ない圧力を加える決意を表明した。この圧力はすでに高まっている。

"The several military missions have agreed upon future military operations against Japan.

mission：使節団、代表団　operations：作戦

The Three Great Allies expressed their resolve to bring unrelenting pressure against their brutal enemies by sea, land and air. This pressure is already rising.

express：表明する　resolve：決意
unrelenting：容赦しない　brutal：残酷な

三大同盟國《さんだいどうめいこく》ハ日本國《にほんこく》ノ侵略《しんりゃく》ヲ制止《せいし》シ且之《かつこれ》ヲ罰《ばっ》スル爲《ため》今次《こんじ》ノ戰爭《せんそう》ヲ爲《な》シツツアルモノナリ右同盟國《みぎどうめいこく》ハ自國《じこく》ノ爲《ため》ニ何等《いずれ》ノ利得《りとく》ヲモ欲求《よっきゅう》スルモノニ非《あら》ズ又《また》領土擴張《りょうどかくちょう》ノ何等《いずれ》ノ念《ねん》ヲモ有《ゆう》スルモノニ非《あら》ズ

「３大同盟国は、日本の侵略を抑制し、罰するためにこの戦争を戦っている。これら同盟国は、自分たち自身のためになんの利得をも求めないし、領土拡張の考えももたない。

"The Three Great Allies are fighting this war to restrain and punish the aggression of Japan. They★ covet no gain for themselves and have no thought of territorial expansion.

restrain：抑制する　punish：罰する
aggression：侵略行為　covet：欲しがる、望む
gain：利得、もうけ　territorial：領土の
expansion：拡大、拡張

★ They = the Three Great Allies

右同盟國《みぎどうめいこく》ノ目的《もくてき》ハ日本國《にほんこく》ヨリ千九百十四年ノ第一次世界戰爭《だいいちじせかいせんそう》ノ開始以後《かいしいご》ニ於《おい》テ日本國《にほんこく》ガ奪取《だっしゅ》シ又《また》ハ占領《せんりょう》シタル太平洋《たいへいよう》ニ於《お》ケル一切《いっさい》ノ島嶼《とうしょ》ヲ剝奪《はくだつ》スルコト竝《ならび》ニ滿洲《まんしゅう》、臺灣《たいわん》及《および》膨湖島《ほうことう》ノ如《ごと》キ日本國《にほんこく》ガ清國人《しんこくじん》ヨリ盗取《とうしゅ》シタル一切《いっさい》ノ地域《ちいき》ヲ中華民國《ちゅうかみんこく》ニ返還《へんかん》スルコトニ在《あ》リ

　同盟国の目的は、日本が１９１４年の第１次世界大戦開始以降に太平洋で奪取または占領した諸島のすべてを日本から剝奪すること、ならびに満洲、台湾および澎湖島など、日本が中国人から盗んだ領土のすべてを中華民国に返還させることである。

It is their purpose that Japan shall be stripped of all the islands in the Pacific which she has seized or occupied since the beginning of the First World War in 1914, and that all the territories Japan has stolen from the Chinese, such as Manchuria, Formosa, and The Pescadores, shall be restored to the Republic of China.

strip：奪う、はぎとる　seize：つかむ、奪う
occupy：占有する、占領する　steal：盗む
Manchuria：満洲　Formosa：台湾
The Pescadores：澎湖（ほうこ）諸島
restore：元へ戻す、返還する

日本國《にほんこく》ハ又《また》暴力《ぼうりょく》及《および》貪慾《どんよく》ニ依《よ》リ日本國《にほんこく》ガ略取《りゃくしゅ》シタル他《た》ノ一切《いっさい》ノ地域《ちいき》ヨリ驅逐《くちく》セラルベシ

前記三大國《ぜんきさんだいこく》ハ朝鮮《ちょうせん》ノ人民《じんみん》ノ奴隷狀態《どれいじょうたい》ニ留意《りゅうい》シ軈《やが》テ朝鮮《ちょうせん》ヲ自由且獨立《じゆうかつどくりつ》ノモノタラシムルノ決意《けつい》ヲ有《ゆう》ス

日本はまた、暴力と貪欲によって奪った他のすべての領土から追放される。

前記３大国は、奴隷状態にある朝鮮人民を念頭において、やがて朝鮮を自由で独立したものにすることを決意している。

Japan will also be expelled from all other territories which she has taken by violence and greed.

expel：追い出す　greed：強欲、貪欲

The aforesaid Three Great Powers, mindful of the enslavement of the people of Korea, are determined that in due course Korea shall become free and independent.

aforesaid：前述の　mindful：心を配る、心にとめる
enslavement：奴隷状態　determine：決意する
in due course：やがて

右《みぎ》ノ目的《もくてき》ヲ以《もっ》テ右三同盟國《みぎさんどうめいこく》ハ同盟諸國中《どうめいしょこくちゅう》日本國《にほんこく》ト交戰中《こうせんちゅう》ナル諸國《しょこく》ト協調《きょうちょう》シ日本國《にほんこく》ノ無條件降伏《むじょうけんこうふく》ヲ齎《もたら》スニ必要《ひつよう》ナル重大且長期《じゅうだいかつちょうき》ノ行動《こうどう》ヲ續行《ぞっこう》スベシ

「これらの目的をもって３大同盟国は、日本と交戦中の連合諸国と協調して、日本の無条件降伏を確保するために必要な、重大かつ長期的な作戦を続行するつもりである」

"With these objects in view the Three Allies, in harmony with those of the United Nations at war with Japan, will continue to persevere in the serious and prolonged operations necessary to procure the unconditional surrender of Japan."

object：目的　**in view**：見据えて
harmony：調和、協調　**at war with**：〜と戦争状態にある
persevere：目的を貫く　**prolong**：長引かせる、延長する
procure：手に入れる　**unconditional**：無条件の

資料

資料1

終戦の詔書《しょうしょ》（玉音放送）

朕深《ちんふか》く世界《せかい》の大勢《たいせい》と帝国《ていこく》の現状《げんじょう》とに鑑《かんが》み、非常《ひじょう》の措置《そち》を
以《も》って時局《じきょく》を収拾《しゅうしゅう》せんと欲《ほっ》し、茲《ここ》に忠良《ちゅうりょう》なる爾臣民《なんじしんみん》に告《つ》ぐ
朕《ちん》は帝国政府《ていこくせいふ》をして米英支蘇《べいえいしそ》四国《しこく》に対《たい》し其《そ》の共同宣言《きょうどうせんげん》を
受諾《じゅだく》する旨《むね》通告《つうこく》せしめたり
抑々《そもそも》帝国臣民《ていこくしんみん》の康寧《こうねい》を図《はか》り万邦共栄《ばんぽうきょうえい》の楽《たのしみ》を偕《とも》にするは、
皇祖皇宗《こうそこうそう》の遺範《いはん》にして、朕《ちん》の拳々措《★けんけんお》かざる所《ところ》
曩《さき》に米英二国《べいえいにこく》に宣戦《せんせん》せる所以《ゆえん》も亦《また》、実《じつ》に帝国《ていこく》の自存《じそん》と
東亜《とうあ》の安定《あんてい》とを庶幾《しょき》するに出《い》で、他国《たこく》の主権《しゅけん》を排《はい》し領土《りょうど》を
侵《おか》すが如《ごと》きは、固《もと》より朕《ちん》が志《こころざし》にあらず

康寧：平穏無事　万邦：全世界　皇祖皇宗：歴代天皇
遺範：残した手本　拳々：捧げもつさま、恭しいさま
★拳々措かざる：いつも大事にしていて手放さない
自存：自立生存　庶幾する：心から願う

然《しか》るに、交戦《こうせん》已《すで》に四歳《しさい》を閲《けみ》し、朕《ちん》が陸海将兵《りくかいしょうへい》の勇戦《ゆうせん》、朕《ちん》が百僚有司《ひゃくりょうゆうし》の励精《れいせい》、朕《ちん》が一億衆庶《いちおくしゅうしょ》の奉公《ほうこう》各々《おのおの》最善《さいぜん》を尽《つ》くせるに拘《かかわ》らず、戦局《せんきょく》必《かなら》ずしも好転《こうてん》せず、世界《せかい》の大勢《たいせい》亦《また》我《われ》に利《り》あらず

加之《しかのみならず》、敵《てき》は新《あら》たに残虐《ざんぎゃく》なる爆弾《ばくだん》を使用《しよう》して頻《しき》りに無辜《むこ》を殺傷《さっしょう》し、惨害《さんがい》の及《およ》ぶ所《ところ》、真《しん》に測《はか》るべからざるに至《いた》る

而《しか》も尚《なお》、交戦《こうせん》を継続《けいぞく》せんか

終《つい》に我《わ》が民族《みんぞく》の滅亡《めつぼう》を招来《しょうらい》するのみならず、延《ひい》て人類《じんるい》の文明《ぶんめい》をも破却《はきゃく》すべし

斯《か》くの如《ごと》くんば、朕《ちん》何《なに》を以《も》ってか億兆《おくちょう》の赤子《せきし》を保《ほ》し、皇《こう》祖皇宗《そこうそう》の神霊《しんれい》に謝《しゃ》せんや

四歳：四年の歳月　閲す：経過する　百僚有司：百官（多くの官吏）、役人
励精：励み精進すること　衆庶：庶民
加之：そればかりでなく　無辜：罪なき人々　測るべからざる：測ることができない
而も～せんか：それでも～するのか（反語。後続の文に「もしそうすれば…」という意味を含む）
斯くの如くんば：そのようなことであれば
赤子：赤ん坊（この場合は、天皇からみた「国民」を指す）　保す：守る
神霊：御霊（みたま）　謝せんや：おわびするのか

是《こ》れ朕《ちん》が帝国政府《ていこくせいふ》をして共同宣言《きょうどうせんげん》に応《おう》せしむるに至《いた》れる
所以《ゆえん》なり
朕《ちん》は帝国《ていこく》と共《とも》に終始東亜《しゅうしとうあ》の解放《かいほう》に協力《きょうりょく》せる諸盟邦《しょめいほう》に対《たい》し、遺憾《いかん》の意《い》を表《ひょう》せざるを得《え》ず、帝国臣民《ていこくしんみん》にして戦陣《せんじん》に死《し》し、職域《しょくいき》に殉《じゅん》じ、非命《ひめい》に斃《たお》れたる者《もの》、及其《およびそ》の遺族《いぞく》に想《おもい》を致《いた》せば、★五内《ごだい》為《ため》に裂《さ》く
且《か》つ戦傷《せんしょう》を負《お》い、災禍《さいか》を蒙《こうむ》り、家業《かぎょう》を失《うしな》いたる者《もの》の厚生《こうせい》に至《いた》りては、朕《ちん》の深《ふか》く軫念《しんねん》する所《ところ》なり
惟《おも》うに今後帝国《こんごていこく》の受《う》くべき苦難《くなん》は固《もと》より尋常《じんじょう》にあらず、爾臣民《なんじしんみん》の衷情《ちゅうじょう》も朕善《ちんよ》く之《これ》を知《し》る
然《しか》れども朕《ちん》は時運《じうん》の趨《おもむ》く所《ところ》、堪《た》え難《がた》きを堪《た》え、忍《しの》び難《がた》き

応せしむる：応じさせた
諸盟邦：同盟諸国　職域：仕事
非命：思いがけない災難　五内：心、肝、腎、肺、脾の五臓
★五内為に裂く：そのために五臓が裂かれるようだ（ここの「ために」は、「想を致せば」を受けている）
厚生：生活を健康で豊かにすること　軫念する：心配する
衷情：まごころ
★時運の趨く所：時世の運命の赴くに任せて

を忍《しの》び、以《も》って万世《ばんせい》の為《ため》に太平《たいへい》を開《ひら》かんと欲《ほっ》す
朕《ちん》は茲《ここ》に国体《こくたい》を護持《ごじ》し得《え》て、忠良《ちゅうりょう》なる爾臣民《なんじしんみん》の赤誠《せきせい》に信《しん》倚《い》し、常《つね》に爾臣民《なんじしんみん》と共《とも》に在《あ》り
若《も》し夫《そ》れ情《じょう》の激《げき》する所《ところ》、濫《みだり》に事端《じたん》を滋《しげ》くし、或《ある》いは同胞《どうほう》排擠《はいせい》、互《たが》いに時局《じきょく》を乱《みだ》り、為《ため》に大道《だいどう》を誤《あやま》り信義《しんぎ》を世界《せかい》に失《うしな》うが如《ごと》きは、朕最《ちんもっと》も之《これ》を戒《いまし》む
★宜《よろ》しく挙国一家《きょこくいっか》、子孫相伝《しそんあいつた》え、確《かた》く神州《しんしゅう》の不滅《ふめつ》を信《しん》じ、任重《にんおも》くして道遠《みちとお》きを念《おも》い、総力《そうりょく》を将来《しょうらい》の建設《けんせつ》に傾《かたむ》け、道義《どうぎ》を篤《あつ》くし、志操《しそう》を鞏《かた》くし、誓《ちか》って国体《こくたい》の精華《せいか》を発揚《はつよう》し、世《せ》界《かい》の進運《しんうん》に後《おく》れざらんことを期《き》すべし
爾臣民其《なんじしんみんそ》れ克《よ》く朕《ちん》が意《い》を体《たい》せよ

国体：国のあり方　赤誠：まごころ　信倚：信頼
情の激する所：激情のまま　事端を滋くする：（事件を起こし）事件の糸口を増やす　排擠：押しのける、排斥　大道：進むべき道、正しい道　戒む：禁止する
★宜しく…すべし：…するのがよい、…したい
挙国一家：国を挙げて一つの家族となること　相伝える：語り継ぐ
★任重くして道遠し：『論語』にある曾子の言葉。「背負った荷物は重く、道は遠い」⇒「責任重大」　志操：固い志　鞏くする：固くする、強くする　精華：選りすぐり、真価とすべきもの　発揚する：世に表す　進運：進歩の機運
意を体す：意向に沿って行動する

資料2

ソ連の宣戦布告文

（1945年8月10日付朝日新聞）
※現代かな遣いに改め掲載

ヒットラードイツの敗北ならびに降伏の後、日本は依然として戦争の継続を主張する唯一の大国となった。日本武装兵力の無条件降伏を要求した今年7月26日の三国すなわちアメリカ合衆国、英国ならびに支那の要求は、日本の拒否するところとなった。

従って、極東戦争に対する調停に関するソビエト連邦に宛てられた日本政府の提案は、一切の基礎を失った。調停に関する日本の降伏拒否を考慮し、連合国はソビエト政府に対して日本の侵略に対する戦争に参加し、戦争終結の時期を短縮し、犠牲の数を少なくし、全面的和平をできる限り速やかに克復することを促進するよう提案した。ソビエト政府は連合国に対する自国の義務に従い、連合国の提案を受諾し、本年7月26日の連合各国の宣言に参加した。

ソビエト政府においては白国の政府の右針路が平和を促進し、各国民を今後新たな犠牲と苦難とから救い、日本国民をしてドイツが無条件降伏を拒否した後被った危険と破壊を避けしめ得る唯一の方途と思惟する。

以上に鑑み、ソビエト連邦が日本と戦争状態に入る旨宣言する。

1945年8月8日

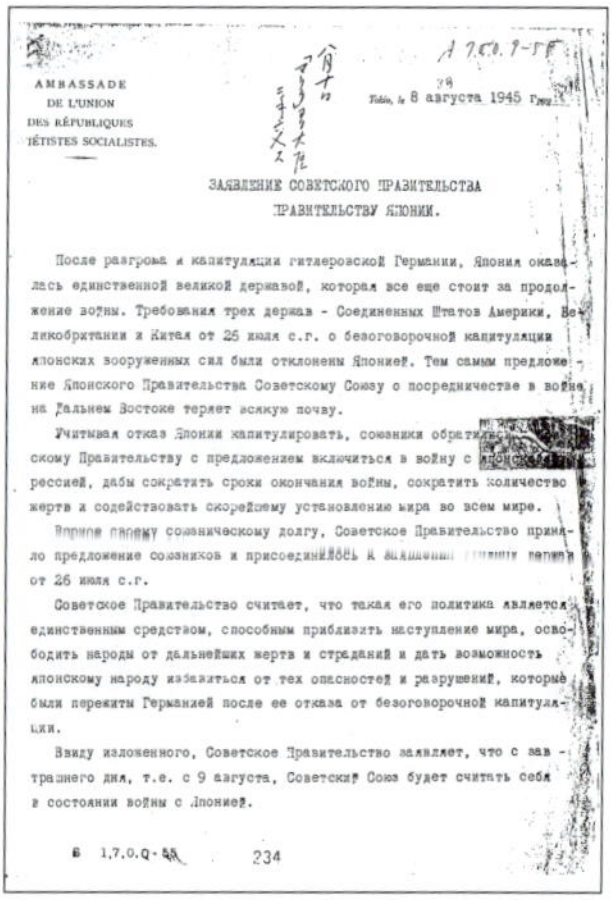

AMBASSADE
DE L'UNION
DES RÉPUBLIQUES
[illegible]ÉTISTES SOCIALISTES.

Tokio, le 8 августа 1945 г.

ЗАЯВЛЕНИЕ СОВЕТСКОГО ПРАВИТЕЛЬСТВА
ПРАВИТЕЛЬСТВУ ЯПОНИИ.

После разгрома и капитуляции гитлеровской Германии, Япония оказалась единственной великой державой, которая все еще стоит за продолжение войны. Требования трех держав - Соединенных Штатов Америки, Великобритании и Китая от 26 июля с.г. о безоговорочной капитуляции японских вооруженных сил были отклонены Японией. Тем самым предложение Японского Правительства Советскому Союзу о посредничестве в войне на Дальнем Востоке теряет всякую почву.

Учитывая отказ Японии капитулировать, союзники обрати[illegible] скому Правительству с предложением включиться в войну с [illegible] рессией, дабы сократить сроки окончания войны, сократить количество жертв и содействовать скорейшему установлению мира во всем мире.

[illegible] союзническому долгу, Советское Правительство приняло предложение союзников и присоединилось к [illegible] от 26 июля с.г.

Советское Правительство считает, что такая его политика является единственным средством, способным приблизить наступление мира, освободить народы от дальнейших жертв и страданий и дать возможность японскому народу избавиться от тех опасностей и разрушений, которые были пережиты Германией после ее отказа от безоговорочной капитуляции.

Ввиду изложенного, Советское Правительство заявляет, что с завтрашнего дня, т.е. с 9 августа, Советский Союз будет считать себя в состоянии войны с Японией.

Б 1,7.0.Q-[illegible] 234

1945年8月10日11時15分、マリク在日ソ連大使が東郷外務大臣に手渡した「対日宣戦布告文」（ロシア語）（外務省外交史料館所蔵）

資料3

「ポツダム宣言」に関する鈴木首相談話

（1945年7月30日付朝日新聞より）
※現代かな遣いに改め掲載

鈴木首相は二十八日午後四時より首相官邸において内閣記者団と会見した。鈴木首相と内閣記者団との公式会見はこれで第三回目になるが、例のごとく得々と信念を説く首相の態度には聞く者の心を打つものがある。首相はこの度の会見で特に米、英、重慶の共同声明に言及し、かつ敵の空爆と艦砲射撃の相次ぐ中においても、敢然、大東亜戦争の完遂に当たり、最後の勝利まで勝ち抜く信念の程を披瀝したが、鈴木首相談話の要旨、ひいては首相の抱く大東亜戦争完遂の方式は次のごとく要約される

一・米、英、重慶三国の共同声明は価値なく、帝国政府はこれを黙殺して戦争完遂に邁進するのみ

二・皇国現在の戦争遂行は、統帥部に全面的な信頼をおいて心おきなく作戦に当たらしめることにある。このためには国民も不足がちな生活を忍んでもらいたい

三・国民戦意の昂揚と、決戦兵器の増産が大切なことは申すまでもなく、政府もこれが方策に大いに努力を重ねているが、殊に地下工場の建設は近来大いに進捗を見て、その成果も期してまつべきものがある

首相と記者団との一問一答の内容は左のごとくである

問　**国民は本土決戦に必勝の確信を持っているが、最近の空襲、艦砲射撃に対して積極的な対策を講じてもらいたいとの空気もみうけられる。首相の考えはどうか**

首相　いかにももっともなおたずねと思う。先般来、各所でこの点につき論議があり、また国民士気昂揚の点からも懸念すべきことと思う。これに対し、

最近あるところで、参謀総長や軍令部総長に会いお話ししたことがある。両総長から、軍としては期するところがあるので、その考えのもとに作戦しているのであるから、いましばらくみていてもらいたいという趣旨の発言があった。私はこれに対し、政戦両略のことを全面的に考えていただかねばならぬことは勿論だが、国民の思惑にかかわりなく作戦遂行に最善を尽くされたいと率直に意見を述べた。私としては国民が戦局の推移に絶大の関心を寄せていることをよく知っているが、同時に作戦部の自信についても非常に力強く感じているのであって、国民諸君には力強い作戦を後顧の憂いなく行わしめることが出来るように、忍び難きを忍び、最大の総力を発揮してもらいたい。それには軍官民が相互に信頼し、各々の職分において力の出し残りがないよう自ら工夫努力してもらいたいと考える。戦争政治の要点は一にこの点にあり、私もこの点を感じ日夜思いを砕いている。どこまでも職分に勉励して頑張ることである

問　**最近、敵側は戦争の終結につき各種の宣伝を行っているが、これに対する所信はどうか**

首相　私は三国共同声明はカイロ会談の焼き直しと思う。政府としては何ら重大な価値あるものとは思わない。ただ黙殺するのみである。われわれは断固、戦争完遂に邁進するのみである

問　**食糧問題は基準量減配等で重要性を加えてきたが、これに対する所信はどうか**

首相　食糧問題は誠に重大な問題で、これについては百方苦心している。もっとも、いますぐ一割の削減をしなければやってゆけない程逼迫しているわけではないが、戦争の状況が相当長きにわたることを予想して、これに対応してずっと先を見越して国民にも忍び難きを忍んでもらうため、削減したのである。昨今の天候は思わしからぬので心配

しているが、この秋以後には出来るだけもとに戻したい。しかしながら野菜のごとき国民諸君が身近で自給し得るものは出来るだけ自作してもらいたい。また食糧の消費方法につき篤志家の実験をきけば、まだまだ自分自身で工夫をこらせる余地は十分ある。その工夫が十分こらせれば今の配給量でやってゆけるという人もある。情勢が急迫している現在、食生活につき国民諸君は十分工夫をこらし身辺の自作の徹底、食品の消費方法の工夫改善に努力して政府の施策に協力されたい。政府としては国民の努力を一層効果あらしめる施設については出来るだけ心配してゆくつもりである

問　**政府の政治力の強化が重要視されているが、戦災地などでは政府に対する信頼が薄らいでゆくのではないかとみられる節もある。これに対する所見はどうか**

首相　政治力の強化については今日まで御承知の通り、決戦体制として最初に強力な緊急措置法により議会の権能を政府に譲り受け、これによって施策を敏速に行うようにした。また第二には地方総監府を置いてここに大なる中央の権力を委任する方法をとり、更に国民義勇隊を盛り上がる力によって編成するというようなことで、これはまあ大きな方面である。なお施策を出来るだけ速く普及するよう始終努めている。しかしながらこの苛烈なる戦争のもとに国民に不安の状態の起こる事はやむを得ない次第であると思う。これに対しては国民の中に長く胚胎している道義心に大いに緊張を与えたいと常に心掛けている。それにはやはり信賞必罰は勿論であるが、更にまた各方面に対して指導を怠らないよう努力している。

　しかしながら政治力の強化とはいっても今日まで各方面にわたって実施した大方針をかえるというようなことはしない。現在の事情のもとにどこ

までも奮励努力してゆくつもりである。

空襲をうけた地域といっても恐らくはこれから日本全国にわたるだろう。またこれから盛んなる爆撃も行われることと考えている。これに対しては、この場合こそ私は真に大和魂を発揮すべきときだろうと思う

問　**道義の昂揚と国民生活の確保方策について**

首相　結局は衣食たりて礼節を知るという言葉の通り、道義の昂揚も根底はそこにあると思う。食については努力しているのは先に述べた。衣については幸いなことに、日本人は多くの衣類を持っているので寒さを防ぐだけのことなら、どうにかこうにか、やってゆけるではないかと思う。焼け跡に暮らしている人も誠にお気の毒であるが、冬を越すだけの用意は持っていられると思う。住については親類縁者が相寄り相助け合う美風で、これもやってゆけると思う。しかしもちろん、それだからといって政府が国民各位の現在の生活状態を構わぬと言うのではない。インフレの点についても政府も心配してこれが防止の方策を講じたいと思っている。

衣食住については政府は今後も最善の努力を致すつもりである。最低生活の確保が道義確立の上でも重大な要素であると思っているからである。

国民道義の確立とは、まず官吏諸君が自制して、畏（かしこ）くも陛下の官吏だと自らを粛正する事が肝要だと思う。またみんなが人を信ずる、信を国民の上におくというような態度に出ることも、道義を確立する上で大事なことと思う。私は猜疑心、人を疑うというような心は各人が自制してゆかねばならぬと思う。なお、それ以上に根本的なことになると学校教育にまでさかのぼらねばならない

問　**空襲下にある決戦兵器の生産状況はいかにか**

首相　先覚者は地下工場の建設を絶叫した当初の間は不幸にもこれが懸声のみで、のびのびとなっていたが、昨年あたりからいよいよ本格的な地下工場の建設に着手し、いまは非常な努力を傾け、その進捗ぶりは期してまつべきものがある。地下の生産工場も相当に出来た。ただ機械移転中の若干期間に生産が思うようにゆかないというのは当たり前のことである。私もたびたび視察したが、工場数も多くなり、既に月産数百の生産をあげているところもある。とにかく工場の地下移転ということは遅れた観はあったが、これから先は大いに期してまつべきものがあると思う。現在どれだけの航空機が我が国で生産されているかはここで言うことは出来ないが、世の中で心配するほど少ないものではない。現在飛行機に乗っている人達でも案外そういうことを考えている人達があるもので、これはその数字が秘密になっているので仕方はないが、この間ある飛行機に乗る人が帝国の航空機生産数は月産数百位かと聞いたので、私はそんなものではない、秘密になっているから無理もないが、月産は百でなくて千を単位に数える数字であると答えておいた。

先述の地下工場は、現在もなお移転中であり、方々に相当数が出来ているが、そういうところで働いている人達を見ると全く安全地帯で生産の上でも非常に安心してやっていて、能率も大いにあがっている。工場も能率をあげるには出来るだけ安全感を与えることが必要であると思う。

地下工場は健康上よくないというようなことがたびたび言われるが、また労働時間も八時間から十時間におよび、女まで混じって働いているが、時に外気にふれて体操などをしていると、トンネルの中で空気が悪いということもさして健康には害はないという話であった

資料4

「ポツダム宣言」受諾までの外務省電信資料

政府はソ連を仲介に戦争終結の方法を模索していたが、7月26日「ポツダム宣言」が発表され、降伏の具体的内容の検討に迫られる。宣言受諾までの間、ソ連（対日宣戦布告以降は通信不能）をはじめ中立国のスイスとスウェーデンの駐在外務省職員との逼迫したやりとりが行われていた。事務的な電信文面ながら、破滅に進む祖国をなんとか救いたいという当時の外交官の悲痛な思いが伝わってくる。

（外務省外交史料館および国立国会図書館所蔵資料より）

Jul.30
ベルン　01:30 発

在スイス
加瀬公使

第837号<大至急>

東郷
外務大臣

Aug.1
東京　10:10 着

「ポツダム」三国宣言に関する観察

■三国宣言に関して

一　ドイツに対する態度との顕著なる相違

ドイツに対しては、今回のごとき全般的語調、形式をもって相当仔細に条件を付すると共に、とにかく一定の保障を与えつつ呼び掛けをなしたることなし。なかんずく

イ　皇室および国体につき触れ居らざること

ロ　日本主権を認め居ること

ハ　日本主権の行わるる範囲たる日本国土の一部を認め居ること。要するに、日本民族が死をもって擁護しつつある国体の下に、国家生活を営み行く基礎を認むる考えなること

ニ　いわゆる無条件降伏の文句を用うるに当たり、右は日本軍につきてであり、日本国民または政府につきてにあらずという印象を与え、彼らとしてはよほど考えたりと認めらるること、この他、我らの面子保持を色々なる点にて考えたる形跡あること

ホ　日本軍隊は武装解除後、平和的生産的生活を送る機会を与えらるべしと言い居ること

ヘ　一般的平和産業の保持、原料入手、世界通商参加を容認すと言い居るこ

と

などは、これをドイツが完全敗北し、

イ　全国土が四区域に分かたれ、米英ソ仏四カ国の軍隊がそれぞれ一区域を占領し居ること

ロ　首府たりしベルリンそのものが、四カ国に分かたれ、同様四国の軍隊がそれぞれ一区画を占領し居ること

ハ　ドイツには主権者なく、政府なしとせられ、すべての特権は各占領軍最高司揮官より成る中央監督委員会に移されたること（ババリア［＝バイエルン］その他に地方政庁を設け、ドイツ人をしてこれに当たらせ居れりといえども、これらは占領軍の命令下に行動する治安維持会のたぐいを出でず）

と思い合わせるとき、その相違の顕著なるを感ぜざるを得ず。しかしながらこの相違は、ドイツのごとく完全敗北の場合は、もはや存在せざるに至る危険あることを察せざるべからず。

ニ　勧告の動機

今や米軍部は一概には言えざるべきも、相当の意気込みなりとのことにて、国内世論もその大部分において良好と見らるるところ、太平洋戦の犠牲は独潰滅後の暗たんたる欧州情勢（欧州の回復は手に着かず、食糧、ことに燃料の不足よりこの冬は大変なりと言われ、外部、特に米よりの大々的援助を必要と見らる）、ソ連勢力の進出等に鑑み、対日戦の早期終結を希望する傾向は少なくとも米中央政界に動き、無条件降伏の看板を下げずに事実上少しくこれを緩和し、なるべく早めに手を打てるものなれば打たんとする米のイニシアチブによるものと考う。

しかしながら、右はむしろ米政治力の動きと見るを安全とし、これをもって米の戦争疲労と見ることも、将また軍民離間の謀略とのみ難ずることも、共にはなはだ有害なりと確信す。

三　ソ連との（※原文、10語ヌケ）

スターリンがあらかじめその内容、ならびに公表のことを承知し居たるべきは疑いなく、しこうしてスターリンが右に異議を挟まざりしことも、常識上明瞭なりとすれば、ソ支（中国）ならびにソ英米間に東亜問題の処理につき、ごく大筋ながら腹の打ち合わせもできたるものと見るを安全とす（これをソ対米英関係の観点よりすれば、ソ連の東亜進出の限度につき、米英側はある程度の見通しをつけ得たりと見るを得べし）。従いて、今次米英支の勧告宣言に対する我らの態度によりては、次いでソ連より我らに対し、或る内容の勧告を突き付け来る公算あるものと観察す。（了）

解説

「ポツダム宣言」についてのスイス駐在公使の分析報告書。

5月9日に降伏したドイツに対する連合国の対応と、日本に対する対応が大きく異なると指摘。しかし、最後まで戦って完全敗北した場合は、今のこの条件のままとはいかないのではないかと危惧している。

そして今回の勧告は、戦争で疲弊したヨーロッパの再建援助に加え、勢力を増している共産大国ソ連がアジアに勢力を拡大しないように早く戦争を終わらせるという米国の意図がある。しかし、それが米国も戦争に疲れてきたのだ、あるいは謀略だと見るのはナンセンスだとも。さらにソ連について、三国宣言にソ連の名が入っていないとしても、この宣言の内容や公表するといったことをスターリンが知らないわけがなく、彼らとの密約があってもおかしくない。また、日本の態度によっては、ソ連が日本に何らかの勧告を行う可能性もあると、対日宣戦布告を予見した分析をしている。

Aug.4
モスクワ　22:28 発

在ソ連
佐藤大使

第1520号<緊急>

東郷
外務大臣

Aug.5
東京　17:15 着

ポツダム宣言受諾に関する佐藤意見

往電第１５１７号に関し

ソ連政府が戦争終結の斡旋を引き受くると否とにかかわらず、今次の大東亜戦終結のためには、7月26日の米英支三国対日宣言がその基礎たるべきこともはや動かし難きところ。ソ連が仲介の労を取る場合にも、右の基礎においてなさるべきこと自然の帰結なり。その点において、貴電芳９７３号括弧内の記述は少なくとも三国宣言を我方条件攻究の基礎としたき御所存とのことにて至極結構と存ぜらる。

右につき、貴電合芳６２９号をもって転電を受けたる在スイス加瀬公使の三国宣言に関する考察は、極めて中正妥当の観察と思考せられ、本使も全幅的同感を表するところなり。

もし、右宣言が同公使解釈のごときものなりとせば、その基礎において立案せらるべき講和条件は、今次の「ポツダム」三国会議決定にかかわるため、ドイツ処理条件に比し、ある程度緩和せられたるものとなるべしと想像すること必ずしも牽強付会（けんきょうふかい＝無理なこじつけ）の説というべからず。

しかして右は、日本の平和提唱の決意が一日早く連合側に通達せらるれば、それだけ条件緩和の度を増すこととなる道理なるに反し、もし政府軍部の決意成らず、荏苒（じんぜん＝なすことなく延び延びになるさま）日を空しくするにおいては、日本全土焦土と化し、帝国は滅亡の一途をたどらざるを得ざるべし。

いかに緩和せらるるとするも、講和条件のいかなるものなるべきやは、ドイツの例に見るまでもなく、事前においてすでに明らかにして多数の戦争責任者を出すこともあらかじめ覚悟せざるべからず。さりながら、今や国家は滅亡の一歩前にあり、これら戦争責任者が真に愛国の士として従容（しょうよう＝慌て騒がず）帝国の犠牲者となるも、真にやむを得ざるところとすべし。

加瀬公使の意見を読んで感極めて深きものあり。あえて卑見を呈す。（了）

（左）外務省外交史料館所蔵資料

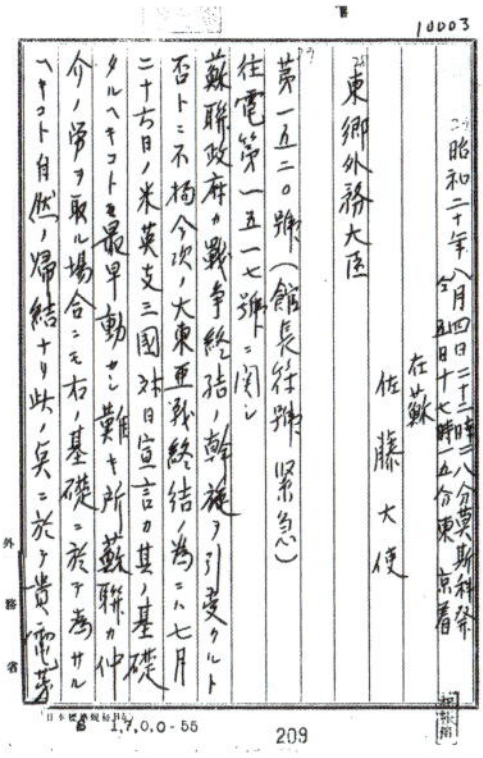
昭和二十年八月四日二十三時三八分莫斯科発
五日十七時一五分東京着
東郷外務大臣　在蘇　佐藤大使
第一五二〇號（館長符號　緊急）
往電第一五一七號ニ関シ
蘇聯政府カ戰争終結ノ斡旋ヲ引受クルト否トニ不拘今次ノ大東亜戦終結ノ為ニハ七月二十六日ノ米英支三国対日宣言カ其ノ基礎タルヘキコトハ最早動カシ難キ所蘇聯カ仲介ノ労ヲ取ル場合ニモ右ノ基礎ニ於テ為サルヘキコト自然ノ帰結ナリ此ノ点ニ於テ貴電第
1.7.0.0-55　209

解説

前日の在スイス公使に同意し、「ポツダム」の降伏勧告はそんなにひどい内容ではないと述べている在ソ連大使の電文。なるべく早く終戦すれば条件も維持でき、ぎりぎりまで延ばしているとそれだけ国土は焦土となる。また、ドイツの例を見るまでもなく、戦争責任者が断罪されるのは当然であり、本当の愛国者であれば犠牲者となるのもやむを得ないのではないか、とまで書かれている。

Aug.6
東京　05:00 発
本省
第991号
<外機密><緊急>
在ソ連
佐藤大使

スターリン、モロトフ（ソ連外相）、本日モスクワに帰還せん趣なるか（帰還するつもりだろうか）、諸般の都合あるにつき、至急モロトフと会見の上、回答督促せられたし。

解説

そろそろポツダム会談から帰国しそうなソ連外相と至急接触するよう指示する本省からの電信。

再三の依頼にも全く動かないソ連に頼ろうとする日本。そんな中、在ソ大使は3日、外務大臣に長い電信を送っていた。そこには、三国宣言が出たからには日本の態度を決め、宣言の内容を元に戦争終結の具体的提案を自らまとめて返事をすべきで、ソ連を仲介にするべきではない。日本はすでに資材も不足し、本土決戦になると犠牲はさらに増える。政府も軍部もお互い責任を取り早期戦争終結に向かうよう切に願う、そして最高指導者会議の方々にも自分の電文を閲覧していただいて、最後の決定をしてもらいたいとつづっていた。

Aug.7

モスクワ　19:50 発

在ソ連
佐藤大使

第1530号<緊急>

東郷
外務大臣

Aug.8

東京　12:00 着

往電第1519号に関し、モロトフ帰莫(モスクワ)と共に、さっそく会見方申し込み、ロゾフスキー(ソ連副外相)にも右斡旋方重ねて依頼せるところ、7日、モロトフより明8日午後5時会見し得べき旨、予告し来たれり。

解説

この前にも前日同様、本省からは、状況はますます逼迫している、早くソ連側と面会するように、という催促の電文が送られていた。

やっと面会の約束が取れたとの報告の電信。しかし、約束の時間に訪問すると、モロトフ外相はこちらの用件を聞かず、いきなり宣戦布告文を読み上げた。以降、モスクワは日本との通信が途絶える。(佐藤大使翌年帰国後の報告より)

Aug.10

東京　10:15 発

東郷
外務大臣

第652号<緊急>

在スイス
加瀬公使

在スウェーデン
岡本公使

■三国宣言受諾に関する件

(訳文)

帝国政府においては、常に世界平和の促進を冀求(ききゅう=願い求める)し給い、今次戦争の継続によりもたらさるべき惨禍より人類を免がれしめんがため、速やかなる戦闘の終結を祈念し給う天皇陛下の大御心に従い、数週間前、当時中立関係に在りたるソヴィエト連邦政府に対し、敵国との平和回復のため斡旋を依頼せるが、不幸にして右帝国政府の平和招来に対する努力は結実を見ず、ここにおいて帝国政府は天皇陛下の一般的平和克復（回復）に対する御祈念に基づき、戦争の惨禍をできる限り速やかに終止せしめんことを欲し、左の通り決定せり。

帝国政府は１９４５年7月26日、ポツダムにおいて米、英、支三国政府首脳により発表せられ、爾後（じご＝それ以降）ソ連邦政府の参加を見たる共同宣言に挙げられたる条件を、右宣言は天皇の国家統治の大権を変更するの要求を包含し居らざることの了解の下に受諾す。

帝国政府は、右了解にして誤りなきを信じ、本件に関する明確なる意向が速やかに表示せられんことを切望す。

解説

ソ連の宣戦布告を受け、翌9日午前から深夜にかけ、ポツダム宣言受諾の条件をめぐって政府内の会議は紛糾する。深夜2時頃、最終的に天皇が御前会議で外相の意見を採用し、「国体護持」のみ条件にするとの聖断を下した。これを受けた外相の電文。

宣言受諾の方針と、日本としての条件（国体護持の確認）を記載した外交文書を送るので連合国に伝えるように、との指示電信と共に送られた本文（英語）の翻訳文。この電信の3時間前に、まずは受諾方針だとの一報が、外務大臣からスイスとスウェーデンの公使に伝えられた。その後、正式な外交文書として英文、英文和訳が送られた。

Aug.11
ベルン　23:26 発
在スイス
加瀬公使
第875号<緊急>
東郷
外務大臣
Aug.12
東京　18:10 着

11日午後9時半、（スイス）外務次官より本使に対し、別電第876号の米英ソ支四国の回答文（ワシントン時間11日午前8時40分、米国務次官が大統領の命により、在米スイス公使に手交せるもの）を手交し、かつ米国政府は右に対する日本政府の速やかなる回答を待ち居る旨伝達せり。

本電別電と共にスウェーデンに特電せり。

解説

8月10日付東郷外務大臣発の、連合国に対する「ポツダム宣言」受諾に当たっての「国体護持」に関する質問について、返事が来たという電文。同時に回答書（英文）が送られている。（次電文）

Aug.11
ベルン　23:24 発

在スイス
加瀬公使

第876号<緊急>

東郷
外務大臣

Aug.12
東京　18:40 着

解説

バーンズ米国務長官からの回答書(英文)。そこには、「降伏の瞬間から、天皇と日本政府の国家統治の権限は、連合国軍最高司令官に従属する」(…our position is as follows : From the moment of surrender the authority of the Emperor and the Japanese Government to rule the state shall be subject to the Supreme Commander of the Allied Powers…)、さらに「日本の最終的統治形態は、ポツダム宣言に従って日本国民の自由に表明する意思によって決定される」(The ultimate form of Government of Japan shall in accordance with the Potsdam Declaration be established by the freely expressed will of the Japanese people.) と書かれていた。

「ポツダム宣言」にはなかったこの内容により、国家統治の権限は連合国軍最高司令官にあり、しかし連合国による統治は過渡的なものであることが明らかになった。この文言は最終的に降伏文書に組み入れられることになる。また、この文言は国民主権を示唆するものであり、降伏後の憲法の改正につながっていく。

Aug.14
東京　23:00 発

東郷
外務大臣

第352号<緊急>

在スイス
加瀬公使

■「ポツダム」宣言の条項受諾の件

貴任国政府に対し、別電第３５３号（邦訳文別電第３５４号）の通り、米国政府および同政府を通し、英ソ支三国政府に伝達方依頼せられたし。

参考として、別電第３５３号（英文）

および第354号（英文和訳）と共に、スウェーデンに転電せり。

解説

バーンズ米国務長官からの回答は再度政府を紛糾させた。なんとか降伏条件を着地させたい外務省と、国体護持が明確でないため再度連合国への確認を主張する軍部。13日の最高戦争指導者会議では決着せず、再び御前会議で天皇の采配を仰ぎ、このまま受け入れるとの判断が下る。

この電文は、「ポツダム宣言」の受諾が正式に決まり、スイスに送られた第一報。同時に正式な受諾書（英文）と和訳（次の電文）が送られた。受諾書は、いったんスイスに送られ、同時にスウェーデンにも転電し、それを受けた在スイス公使は、スイス政府を通じてアメリカ政府に送ってもらい、アメリカを通してイギリス、ソ連、中国に送られた。

通知が発信されたこの時間に、天皇は玉音放送の録音を行ったといわれる。

Aug.14
東京　23:00発
東郷
外務大臣
第354号
＜緊急＞＜極秘＞
在スイス
加瀬公使

米英ソ支四国に対する8月14日付帝国政府通告

ポツダム宣言の条項受諾に関する8月10日付帝国政府の申し入れ、ならびに8月11日付バーンズ米国国務長官発米英ソ支四国政府の回答に関連し、帝国政府は右四国政府に対し、左の通り通報するの光栄を有す。

1　天皇陛下におかせられては、ポツダム宣言の条項受諾に関する詔書を発布せられたり

2　天皇陛下におかせられては、その政府および大本営に対し、ポツダム宣言の諸規定を実施するため必要とせらるべき条項に署名するの権限を与え、かつこれを保障せらるるの用意あり。また、陛下におかせられては、一切の日本国陸、海、空軍官憲および右官憲の指揮下にある一切の軍隊に対し、戦闘行為を終止し、武器を引き渡し、前記条項実施のため、連合国最高司令官の要求することあるべき命令（要求するかもしれない命令）を発することを命ぜらるるの用意あり。

資料５ 「ポツダム宣言」に基づく改革

（共同通信社「世界年鑑１９４９」より）

連合国軍は１９４５年９月８日、東京で進駐式を行い正式に占領、管理を開始した。総司令部は、「ポツダム宣言」「降伏文書」に基づき矢継ぎ早にさまざまな指令や命令を出し、日本の戦後処理と改革を行った。

戦後処理

■武装解除

【復員】

１９４５年９月復員開始。本土陸海軍はほぼ10月15日までに復員完了。外地部隊も同様に武装解除、引揚げを開始、１９４６年12月１日事実上完了。しかし、旧満洲からの引揚げは困難を極め、またソ連からの引揚げはその時点で行われておらず、同年12月19日にようやく総司令部とソ連間に日本人引揚げに関する合意がなされた。

【非軍事化】

最高戦争指導者会議、大本営、陸海軍学校、参謀本部、全作戦部隊、兵役法、陸海軍などが廃止、解体された。陸海軍両省は復員省になり、その後機構を縮小して厚生省に移管、軍病院は国立病院（厚生省管轄）となった。

【兵器破棄】

占領軍により兵器や戦車、戦闘機などの廃棄が行われた。戦闘能力をなくした戦車などはブルドーザー、農耕用に。食糧約３００万トン、衣料８５００万点を接収し、困窮者救済に充てられた。

■戦犯処理

１９４６年１月、極東国際軍事裁判所（東京裁判）設置命令。東京裁判は重大戦犯容疑者、いわゆるA級戦犯の裁判所で、28人が起訴された。同年５月３日から裁判開始、１９４８年４月16日一切の審理終了。11月12日刑が宣告された。

■軍国主義の排除

１９４５年10月４日「政治、市民、宗教の自由に対する制度の撤廃に関する覚書」発布、思想警察（特高）等、類似機関は完全に除去された。また、軍国主義的指導者の公職、官職からの罷免、排除も行われた（公職追放）。

民主化への改革

■基本的人権の尊重

【言論】

１９４５年９月10日「言論および新聞の自由に関する覚書」、19日「プレスコード」、22日「ラジオ放送規制などの覚書」、27日「新聞言論の自由への追加措置」等が発布。言論の自由の幅は広がったが、占領下では検閲が行われ、連合国や総司令部に批判的な内容は禁止された。

【集会・結社・信教の自由】

１９４５年10月４日、治安維持法、治安警察法、言論出版集会結社等臨時取締法などが廃止。12月15日、「国家神道に対する政府の保護、支援、保全、監督および弘布の廃止に関する覚書」が発せられ、神道を国家から分離、軍国主義的、超国家主義的思想の抹殺、学校から神道教育の排除が指令された。１９４７年９月１日、労働省発足。労働組合法（45年12月22日）、労働関係調査法（46年９月27日）、労働基準法（47年４月７日）が公布された。

■憲法改正

１９４５年10月11日、総司令部は「婦人の解放」「労働組合の助長」「学校教育の自由主義化」「民衆生活を恐怖に陥れた制度の廃止」「日本経済の民主主義化」等、人権確保のための憲法改正を政府に要求。１９４６年11月３日、日本国憲法が公布される。象徴としての天皇、主権在民、三権分立、国権の最高機関としての国会、基本的人権の尊重など諸原則が集大成された。

■経済の民主化

【財閥解体】

１９４５年11月２日、15財閥に対する証券取引禁止令発布。６日、三井、三菱、安田、住友四大財閥の完全解体、事業支配停止の即時実行が指示された。１９４７年３月31日独占禁止法（私的独占の禁止、および公正取引の確保に関する法律）が公布された。

【農地改革】

１９４５年12月９日、総司令部は封建的な土地所有制度の廃止を内容とする農地改革を指令、28日第１次土地改革案が議会を通過するが、さらなる改革案が指令され、翌年10月21日第２次土地改革案が公布された。政府が地主から強制的に土地を買い上げ、小作人に安く払い下げたことにより、封建時代から続く地主制度が崩壊した。

資料6 年表

主な出来事

1931(昭6)年	9月18日	柳条湖事件(満洲事変)
1932(昭7)年	3月1日	満洲国政府成立
	5月15日	五・一五事件(犬養首相、暗殺される)
	10月2日	リットン報告書公表
1933(昭8)年	1月30日	独ヒトラー内閣成立
	2月	国際連盟、満洲国を不承認
	3月27日	日本、国際連盟脱退を表明(正式発効は1935年)
1936(昭11)年	8月1日	独ベルリンで第11回夏季オリンピック開幕
1937(昭12)年	7月7日	日中戦争始まる(盧溝橋事件)
	11月6日	日独伊三国防共協定調印
	12月13日	南京事件(日本、南京を占領)
1938(昭13)年	5月5日	国家総動員法(経済の戦時体制化)施行
1939(昭14)年		

内閣発足日と首相

1931(昭6)年	4月14日	若槻禮次郎(第2次)
	12月13日	犬養毅 (32年5月16日〜 高橋是清、臨時)
1932(昭7)年	5月26日	斎藤実
1934(昭9)年	7月8日	岡田啓介
1936(昭11)年	3月9日	廣田弘毅
1937(昭12)年	2月2日	林銑十郎
	6月4日	近衛文麿(第1次)
1939(昭14)年	1月5日	平沼騏一郎
	8月30日	阿部信行

	5月11日	ノモンハン事件(日ソ軍、ノモンハンで衝突)
	7月26日	米、日米通商航海条約の破棄を通告(対日経済制裁)
	8月23日	独ソ不可侵条約調印
	9月1日	独、ポーランド侵攻
	9月3日	英仏、独に宣戦布告、第二次世界大戦始まる
1940(昭15)年	5月10日	英チャーチル内閣成立
	6月10日	伊、英仏に宣戦布告
	9月27日	日独伊三国同盟調印
		日本、北部仏領インドシナ進駐
	10月12日	近衛首相、大政翼賛会発足
1941(昭16)年	4月13日	日ソ中立条約調印
	6月22日	独伊、対ソ宣戦布告
	7月25日	米英、日本資産を凍結
	7月28日	日本、南部仏領インドシナ進駐
	12月7日	日本、ハワイ真珠湾を攻撃、米英に宣戦布告
		太平洋戦争始まる(日本時間=8日)
	12月11日	独伊、対米宣戦布告
1942(昭17)年	1月1日	米英中ソ、連合国共同宣言発表
	6月5~7日	日本、ミッドウェー海戦で米に敗北
1943(昭18)年	9月8日	伊、降伏

1940(昭15)年	1月16日	米内光正
	7月22日	近衛文麿(第2次)
1941(昭16)年	7月18日	近衛文麿(第3次)
	10月18日	東條英機

11月22～26日	カイロ会談（米英中）
11月28日～12月1日	テヘラン会談（米英ソ）
12月1日	カイロ宣言発表（米英中）
1944（昭19）年	
11月24日	米軍機B29による初の東京空襲
1945（昭20）年	
2月4日～	ヤルタ会談（米英ソ）
3月10日	東京大空襲
4月1日	米軍、沖縄上陸（沖縄戦が始まる）
4月5日	ソ連、日ソ中立条約を更新しない旨、通告
5月9日	独、連合国に無条件降伏
7月17日～	ポツダム会談（米英ソ）
7月26日	ポツダム宣言（米英中）
8月6日	米軍、広島に原爆投下
8月8日	ソ連、日本に宣戦布告
8月9日	米軍、長崎に原爆投下
8月14日	日本、ポツダム宣言受諾を決定
8月15日	終戦
8月28日	連合国軍、日本進駐開始
8月30日	マッカーサー連合国軍最高司令官、来日
9月2日	降伏文書調印
1946（昭21）年	
5月3日	東京裁判始まる（判決言い渡しは1948年11月）
11月3日	日本国憲法公布

1944（昭19）年	
7月22日	小磯國昭
1945（昭20）年	
4月7日	鈴木貫太郎
8月17日	東久邇宮稔彦王
10月9日	幣原喜重郎
1946（昭21）年	
5月22日	吉田茂（第1次）

【訳・監修】山田侑平（やまだ・ゆうへい）

1938年長野県生まれ。東京外国語大学中国語科卒業。元共同通信記者。ニューヨーク支局員、ブリュッセル支局長など歴任。人間総合科学大学名誉教授。著訳書に『日本の国際化とは―先人に学ぶ』（連合出版）、ティム・ワイナー『ＦＢＩ秘録 その誕生から今日まで』『ＣＩＡ秘録 その誕生から今日まで』（共訳、文藝春秋）、デイヴィッド・ハルバースタム『ザ・コールデスト・ウインター朝鮮戦争』（共訳、文藝春秋）など。

協力：外務省外交史料館、共同通信イメージズ、国立国会図書館、朝日新聞社、読売新聞社　参考：「世界年鑑 1949」（共同通信社編集、日経新聞社発行）、「世界年鑑 1950」（共同通信社発行）、「ザ・クロニクル　戦後日本の 70 年－第 1 巻 1945-49　廃墟からの出発」（共同通信社発行、幻冬舎発売）

「ポツダム宣言」を読んだことがありますか？

発行日　2015年8月8日　第1刷発行
2015年10月27日　第6刷発行

訳・監修　山田侑平
編集　共同通信社出版センター
発行人　佐藤雄二郎
発行所　株式会社共同通信社（K.K. Kyodo News）
〒105-0001　東京都港区虎ノ門2-2-5
電話　営業部（03）5549-7603
印刷所　大日本印刷株式会社

ISBN978-4-7641-0681-9　C0021